처음 만나는 금융공학

KB211015

금융으로 세상을 읽는 통찰력 키우기

처음 만나는
금융공학

개정판

고석빈 · 신임철 지음

i!i
에이콘

에이콘출판의 기틀을 마련하신 故 정완재 선생님 (1935-2004)

투기 수단이라는 인식 탓에 2008년 글로벌 금융위기의 주범으로 몰리기도 했던 금융공학은 개인, 기업, 금융기관에 꼭 필요한 금융시장의 리스크 헤지 수단이다. 따라서 금융시장을 이해하고 금융시장에서 발생하는 리스크를 적절히 관리·통제하기 위해서는 금융공학을 반드시 알고 있어야 한다.

하지만 일반인들에게 금융공학은 너무나도 어렵고 두렵기까지 한 분야다. 사실 은행, 보험, 증권, 투자은행[IB] 등 금융업에 종사하는 사람들에게도 결코 쉽지 않은 영역이다. 그래서 금융공학은 매우 중요함에도 불구하고, 되레 우리에게서 조금씩 멀어지고 있다.

이 책은 초보자들도 금융공학을 쉽게 이해하도록 안내해주는 지침서다. 금융공학의 기초 개념을 매우 친절하게 물 흐르듯 설명해주며, 금융공학과 관련된 다양한 사례와 역사적 사실을 예로 들고 누구나 이해할 수 있게 표현함으로써 독자로 하여금 마치 한 권의 에세이를 읽는 기분을 느끼게 해준다. 누구라도 이 책을 읽고 나면 금융공학은 어느덧 매우 친근한 분야가 되어 있을 것이다.

평소 금융공학에 관심이 있었지만 어려운 분야라는 선입견 때문에 그동안 주저했던 분들이나 금융권에 근무하면서 좀 더 다양한 금융 지식을 쌓고자 하는 분들은 꼭 읽어봐야 할 책이다. 쉽고 재미있지만 결코 가볍지 않은 훌륭한 금융공학 입문서다. Welcome to Financial Engineering!

이광구 / 전 우리은행 은행장

인문학이나 사회과학을 전공한 학생들은 복잡한 수식 때문에, 통계학이나 수학처럼 수식에 친숙한 학문을 전공한 학생들은 생소한 개념과 용어 때문에, 금융공학을 선뜻 공부하기 힘들었을 것이다. 이 책은 어떤 분야의 전공 학생이라도, 실무경험이 없어도, 금융공학의 높은 진입장벽을 쉽게 넘을 수 있도록 도와주는 친절한 금융공학 입문서다.

조형준 / 고려대학교 정경대학 통계학과 교수

금융은 우리 삶에서 떼어 놓을 수 없다. 어렵다는 선입관 탓에 경제신문을 읽으면서도 금융 부문을 건너뛰기 일쑤다. 물론 기초 지식이 없으면 읽어도 머리에 쏙쏙 와닿지 않는다. 사실 경제·금융 기사를 쓰는 기자들 입장에서도 금융 부문은 만만하진 않다. 체계적인 교육 부족 등 이유는 많다. 무엇보다도 일반인들이 쉽고 부담 없이 접할 수 있는 금융공학 책이 없었던 것이 금융을 애써 멀리하는 원인이다. 『처음 만나는 금융공학』의 출간은 그래서 뜻깊다. 금융공학계의 코페르니쿠스적 전환과도 같다. 모두가 이해하기 어렵다고 생각하는 금융공학을, 누구나 이해할 수 있는 대상으로 전환했다. 금융에 대한 깊은 지식과 탁월한 해설… 책을 펼치는 순간, 당신도 이제 '금맹'에서 탈출한다.

이철균 / 서울경제신문 산업부장

한 권의 책을 통해 독자로 하여금 금융공학이라는 방대한 주제를 꽤 많이 이해했다고 느끼게 만드는 것은 굉장히 어려운 일이다. 그러한 어려운 일을 해낸 두 저자에게 박수를 보낸다. 독자들은 금융공학과 관련된 이론적 배경과 경제적 사건들을 경험함으로써, 금융공학이 실생활과 의외로 밀접하다는 것을 느낄 것이고, 어느덧 더 나은 의사결정 능력을 얻을 수도 있을 것이다. 그리고 무엇보다도 어려운 금융공학을 재미있게 읽을 수 있으니 이보다 더 좋을 수 있겠는가!

이인영 / SSG닷컴 대표이사

CFA를 준비하거나 MBA 입학을 목전에 둔 사람들이라면 누구나 금융공학에 대한 두려움이 있을 것이다. 그런데 안타깝게도 국내에는 이러한 두려움을 조금이라도 덜어줄 수 있는 제대로 된 금융공학 입문서가 없다. 금융공학에 관한 책들은 대부분 두껍고 어려운 교과서들이다. 이 책은 금융공학을 처음 시작하는 사람들에게 두려움보다는 친근감을 안겨준다. CFA나 MBA를 꿈꾸는 사람들에게 쉽고 유용한 금융공학 개론서가 될 것이다.

김재홍 / CFA · MBA, 모커리한방병원 경영고문

금융공학과 파생상품은 투자은행에 없어서는 안 될 필수 수단이다. 특히 투자은행의 주요 업무인 트레이딩^{Trading}과 클라이언트^{Client}를 위한 리스크 헤징^{Risk Hedging} 수단으로 매우 유용하다. 투자은행이나 증권업에 관심이 있는 사람들이라면 반드시 읽어봐야 할 최고의 금융공학 입문서다.

Martin Lee / Managing Partner, Botticelli Capital Partners LLC

고석빈

그동안 '이진재'라는 필명을 사용했다. 고려대 통계학과를 졸업하고, 현대자동차 학비지원으로 미국 워싱턴대(세인트루이스)에서 금융공학을 전공했다(MBA). 워싱턴대 재학 시절 외환 파생상품 무위험차익거래 모델을 개발했고, 영국 케임브리지대에서는 유럽 자본시장을 공부했다. 졸업 후, 현대캐피탈 유럽법인장으로서 한국 최초의 해외 합작금융사인 현대캐피탈영국법인을 설립했고, 유럽 최대 은행인 산탄데르와 범유럽 금융제휴를 이끌며 국내 금융업의 새로운 해외진출 모델을 제시했다. 현재 청주대학교 무역학과 교수로 재직 중이다.

신임철

초판에서는 '진경철'이란 필명을 사용했다. 강원도 철원에서 태어나 고려대(정치학 학사), 서울대(행정학 석사), 예일대(MBA)를 졸업하고, 하버드 비즈니스 스쿨(HBS)에서 M&A를 공부한 뒤, 성균관대에서 경영학 박사학위를 취득했다. 예일대 재학 시절에는 노벨경제학상 수상자인 로버트 쉴러Robert Shiller 교수로부터 행동재무학과 행동경제학을 배웠다. 은행, 보험, 카드, 캐피탈, 복합리조트, 스타트업 등에서 금융상품 개발, 파이낸스, M&A, 전략, 마케팅 등의 업무를 두루 경험했다. 현재 GS그룹의 전기차 충전 플랫폼 사업 계열사인 GS커넥트와 차지비(ChargEV)의 대표이사를 겸직하고 있다.

금융공학이라는 낯설고 어려운 주제를 다룬 책인데도 『처음 만나는 금융공학』 개정판이 나오게 된 것은 독자 분들이 보여주신 크나큰 관심과 애정 덕분이라고 생각한다. 몇몇 금융 기관과 대학에서 금융공학 강의 교재로도 쓰이고 있다는 소식을 듣고 놀랍고도 감사한 마음이 들었다.

독자 분들의 관심과 애정에 보답하는 길은 더 많은 분이 초판보다도 더 부담 없이 금융공학을 접할 수 있도록 하는 것이라 생각하고 개정판 작업을 시작했다. 그동안 여러 채널을 통해 수집한 독자 의견을 반영해 독자 입장에서 더 읽기 편하고 이해하기 쉬운 개정판을 내고 싶었다. 개정판은 초판과 비교해 다음과 같은 네 가지 차별성을 갖고 있다.

첫째, 독자들이 읽기 편하도록 목차를 대폭 변경했다. 초판의 총 2개의 부와 8개의 장 체계를 총 3개의 부와 12개의 장으로 재구성했다. 제1부부터 제3부까지 난이도를 조금씩 올리는 방식으로 각 장을 나누고 재배치함으로써 물 흐르듯이 책을 읽을 수 있도록 했다.

둘째, 설명이 부족했던 부분에는 독자들이 좀 더 이해하기 쉽도록 필요한 내용을 추가했다. 내용 흐름에 비약이 있거나 자세한 설명이 필요한 곳에는 친절하고 상세한 설명을 덧붙여 독자들의 이해를 높이고자 했다.

셋째, 애매한 표현은 문장 하나하나를 다시 쓴다는 심정으로 내용을 명확하게 수정했다. 모호한 표현으로 인해 독자가 내용을 이해하지 못하거나 잘못 이해하는 일이 없도록 짧은 표현 하나에도 정성을 다해 수정했다.

넷째, 오래된 데이터와 사례는 최근 자료로 업데이트했다. 독자들이 책을 읽는 동안 되도록이면 따끈따끈한 정보를 접할 수 있도록 가능한 최신의 자료를 수집해 반영하고자 했다.

이번에 정성을 다한 『처음 만나는 금융공학』 개정판이 향후 금융공학의 저변을 확대하고 금융공학을 공부하고자 하는 분들을 위한 친절한 개론서 역할을 하길 바란다.

개정판이 나오기까지 많은 분들의 도움이 있었지만, 특히 에이콘출판사 권성준 사장님의 도움은 절대적이었다. 권사장님의 격려와 응원이 없었다면, 개정판은 아예 꿈도 꾸지 못했을 것이다. 그리고 저자들이 안일함과 게으름에 빠지지 않도록 개정판 작업 일정을 꼼꼼하게 챙겨주시고 실무적으로 큰 도움을 주신 황영주 상무님을 비롯한 에이콘출판사 직원분들께 진심으로 감사드린다. 끝으로, 언제나 한결같이 항상 든든한 응원군이 되어준 사랑하는 가족들에게 이 책을 바친다.

2018년 여름

고석빈 · 신임철

금융공학을 처음 공부할 때 가장 먼저 들었던 생각은 '정말 쉽게 쓴 금융공학 입문서가 있으면 참 좋겠다.'였다. 그로부터 10년이 훨씬 지났지만, 여전히 '쉽게 쓴' 금융공학 책은 나오지 않았다. 그래서 이제 그런 책을 직접 써보기로 결심했다. '어떻게 하면 금융공학이라는 어려운 분야를 누구나 쉽게 읽을 수 있도록 재미있게 쓸 수 있을까?'란 생각을 염두에 두고 의기투합해 책을 쓰기 시작했다.

하지만 이해하기 쉬운 금융공학 책을 쓴다는 것이 결코 쉽지 않음을 곧 깨닫게 되었다. 그동안 크고 작은 시행착오가 있었고, 한때는 포기하고 싶기도 했다. 우선 직장을 다니면서 짬짬이 시간을 내어 책을 쓰는 것이 생각보다 쉽지는 않았다. 무엇보다 물리적인 시간이 충분치 않았으며, 어려운 개념과 수식을 말로 쉽게 표현하는 게 여간 어려운 일이 아니었다. 표현과 글쓰기 능력의 한계를 느꼈다.

이런 상황에서도 국내 최초의 '쉬운 금융공학 입문서'를 써야 한다는 사명감을 가지고, 쓰고 지우고 수정하고 다시 쓰기를 반복했다. 그리고 2년여의 노력 끝에 드디어 이 책이 나오게 되었다. 이 책을 읽고 난 후에는, 이제 더 이상 금융공학 앞에서 주눅 드는 사람들이 없었으면 좋겠다.

이 책이 나오기까지는 많은 분들의 도움과 응원이 있었다.

우선 에이콘출판사의 권성준 사장님께 가장 큰 감사를 드리고 싶다. 금융공학이라는 생소하고 어려운 분야에 관한 책을 쓰고 싶다는 저자들의 제안을 흔쾌히 받아들여주셨고, 책을 쓰면서 어려운 일이 있을 때마다 격려해주셨다. 또한 인생의 훌륭한 멘토 역할까지 해주셨다. 권 사장님의 도움이 없었다면 이 책은 세상에 나오지 못했을 것이다. 그리고 바쁘신 중에도 내용상의 문제뿐만 아니라 통계학과 금융공학의 접점에서 발생하는 이슈들을 제기해주심으로써, 내용의 깊이를 더할 수 있도록 도와주신 고려대학교 통계학과 조형준 교수님께도 진심으로 감사의 말씀을 드린다. 또한 좀 더 나은 콘텐츠를 위해 날카로운 비판을 해주셨던 김희정 부사장님과 책이 나오기까지 아주 작은 부분까지 챙겨주셨던 오원영 씨, 꼼꼼한 편집과 코멘트를 해주신 전도영 실장님께도 깊은 감사를 드린다.

끝으로, 항상 든든한 응원군이 되어준 사랑하는 가족들에게 감사의 말을 전하고 싶다.

차 례

이 책의 목적은 금융공학이 그동안 쌓아놓은 높고 견고한 진입장 벽을 허물고, 누구나 부담 없이 금융공학을 마주할 수 있도록 하는 데 있다. 따라서 이 책은 최대한 쉽고 재미있게 쓰여졌다.

대상 독자는 일반인부터 학생까지 매우 광범위하다. 금융공학에 관심이 있거나 경제신문 기사를 좀 더 잘 이해하고 싶은 일반인, 금융과 금융시장에 대한 이해를 넓히고 싶은 금융 기관 및 금융 회사 임직원, 기업의 재무 및 투자 업무 담당자, 주식 또는 파생상 품 투자자, CFA나 MBA를 준비하는 직장인, 투자은행이나 증권사 에서 커리어를 쌓고 싶은 취업 준비생, 그리고 학교에서 금융공학 수업을 수강하거나 금융공학을 전공하고자 하는 학생들에게 매우 유용한 입문서다.

총 3개의 부와 12개의 장으로 구성해 금융공학을 처음 접하는 독자라 하더라도, 제1부만 읽으면 금융공학의 기초적인 내용을 충 분히 숙지할 수 있다. 그리고 제1부를 읽고 나면 자연스럽게 제2 부를 읽고 싶은 마음이 생길 것이고, 제2부를 다 읽고 나면 제3부 도 충분히 읽고 이해할 수 있다는 자신감을 갖게 될 것이다.

제1부는 '금융공학 이야기'라는 제목처럼, 수식이나 숫자 없이 이야기하듯이 금융공학을 소개한다. 다양한 역사적 사건과 일상생 활의 사례를 통해 금융공학이 우리에게 매우 친근한 분야임을 알

게 될 것이다. 1장에서는 금융공학의 정의와 금융공학을 알고 있어야 하는 이유, 2장에서는 직관적인 설명을 통해 쉽고 재미있게 풀어 쓴 금융공학의 기초 개념, 3장에서는 금융공학과 관련된 역사적 사건들, 그리고 4장에서는 요즘 뜨고 있는 빅데이터와 금융공학 간의 관계를 다룬다.

제2부는 '금융공학 기본기 다지기'라는 제목에서 알 수 있듯이, 제1부에서 다룬 금융공학의 기초적인 개념을 좀 더 자세히 설명한다. 하지만 각 장을 역사적 사실이나 언론을 통해 접했던 사건들로 시작하므로, 부담감보다는 오히려 흥미와 편안한 마음을 가지고 읽을 수 있을 것이다. 또한 아주 간단한 수식과 그래프만 넣었고 대부분은 이해하기 쉬운 글로 설명하고 있기 때문에 내용을 이해하는 데 큰 어려움은 없을 것이다. 5장은 금융공학의 핵심인 선물과 옵션, 6장은 어려울 때 서로 돕는 상생의 금융거래인 스왑, 7장은 선산의 굽은 소나무와 같이 인기는 없지만 금융공학의 기본으로 반드시 알아 둘 필요가 있는 채권, 그리고 8장에서는 정해진 신뢰수준하에서 나타날 수 있는 최대 손실인 VAR^{Value at Risk}에 대해 설명한다.

제3부 '금융공학 좀 더 들여다보기'에서는 금융공학에 관한 좀 더 심도 있는 내용을 다룬다. 조금은 어려워 보일 수 있는 수식이 일부 등장하는데, 만약 어렵다고 생각되면 수식을 억지로 외우려 하지 말고 글로 된 설명만 차근차근 읽어도 무슨 내용인지 충분히 이해할 수 있을 것이다. 따라서 수식을 보고 겁먹을 필요는 없

다. 그러나 중도에 포기하고 싶을 정도로 어려우면, 읽기를 중단하고 제1부와 제2부를 다시 한 번 읽는 것도 좋은 방법이다. 이 책을 읽는 중요한 목적은 금융공학의 기초 개념과 기본적인 내용을 숙지하는 것이다. 9장은 금융공학에 필요한 확률과 통계, 10장은 파생상품의 가격을 계산하기 위한 블랙숄즈 방정식과 이항옵션모델, 11장은 기초자산과 파생상품의 미래 가격변화를 예측하기 위한 주가 모델과 변동성 모델, 12장은 금융공학의 마지막 관문인 이자율 파생상품이 차례로 등장한다.

이제 이 책을 읽을 마음의 준비가 되었다면, 우선 금융공학 이야기부터 시작해 보자.

제1부

금융공학 이야기

1장

금융공학은 처음이지?
금융공학을 알면 좋은 이유

경영학이나 경제학을 공부한 적이 있는 사람이라면 금융공학이라는 분야에 한 번쯤은 관심을 가져봤을 것이다. 그리고 금융공학에는 별로 관심이 없는 일반 사람들도 경제신문이나 일간지 경제면을 통해 한 번쯤은 금융공학이라는 용어를 접해봤을 것이다.

금융공학financial engineering은 말 그대로 금융finance과 공학engineering이 합쳐진 말이다. 공학은 주로 통계학과 수학을 다룬다(통계학과 수학은 과학의 영역인데 굳이 공학이라고 표현한 이유는 과학이 학문적 접근인 반면, 공학은 현실 문제 해결에 초점을 맞추고 있기 때문이다). 따라서 금융공학은 통계학과 수학을 통해 금융의 다양한 문제들을 해결하려는 학문이다. 금융에서 발생하는 문제들은 대부분 파생상품과 관련된 것들이다. 파생상품derivatives은 일반적인 상품, 즉 기초자산에서 파생된 상품이다. 기초자산underlying asset은 주식, 채권, 통화와 같은 금융상품뿐만 아니라, 농축수산물 같은 상품commodity도 포함한다. 나중에 자세히 설명하겠지만, 이러한 파생상품에는 선도forwards, 선물futures, 옵션option, 스왑swap 등이 있다. 파생상품의 가치(가격)는 기초자산의 가치변동으로부터 파생되어 결정된다. 금융공학은 주로 이러한 파생상품들의 가격 결정과 다양한 파생상품의 개발을 다루는 학문이다.

금융공학을 대하는 사람들의 태도는 대체로 두 가지다.

첫 번째 태도는 금융공학은 너무 어렵다는 것이다. 이해하기 어려운 용어와 각종 수식이 등장한다. 게다가 금융공학을 다루는 책들은 대부분 엄청 두껍다. 딱 보는 순간 질려버리기가 이보다 더할 수는 없다. 특히 통계학이나 수학에 대한 공포심을 가지고 있는 사람이라면 금융공학은 더더욱 난해하게 보이는 분야다.

두 번째 태도는 금융공학이 어려워 보이기는 하지만 왠지 한번 공부해보고 싶다는 것이다. 특히 지적 호기심이 많은 사람들이 이런 성향을 보인다. 그리고 금융공학을 좀 안다고 하면 좀 있어 보이거나 금융전문가처럼 보인다. 하지만 금융공학을 공부하기 위해 금융공학 책을 구입해서 본격적으로 읽기 시작한 지 딱 30분이 지나면 이런 지적 호기심과 욕망은 사라지고 만다. "금융공학은 역시 어렵군."하고 포기해버리기 일쑤다.

상황이 이렇다 보니 금융공학은 우리 곁에서 자꾸만 멀어지고, 금융공학을 전공하는 학생들이나 금융공학으로 먹고사는 극히 일부 사람들의 전유물로 전락해버리고 만다. 그럼 금융공학이 정말 어려운 분야인가? 정답은 어려울 수도 있고, 어렵지 않을 수도 있다는 것이다. 난해한 통계와 복잡한 공식을 통해 금융공학을 이해하고자 한다면, 금융공학은 '신도 이해하기 어려운 학문'이 되고 만다. 하지만 금융공학의 핵심 개념에 대한 직관적인 이해와 적절한 사례를 중심으로 공부한다면, 금융공학은 그리 어렵지 않은 분야가 될 수도 있다.

금융공학은 공부해서 뭐하게?

금융공학에서 다루는 파생상품은 미래의 거래 조건을 지금 결정해야 하는 거래와 관련되어 있다. 예를 들면, 1년 후에 거래할 어떤 상품의 수량과 가격을 현재 시점에 결정하는 것이다. 왜 이런 거래를 할까?

첫째는 미래에 발생할 리스크를 최소화하거나 피하기 위해서다. 전문용어로는 이를 헤지hedge라고 하고, '리스크를 헤지한다.'라고 표현한다. 미래에 거래할 특정 상품의 수량과 가격을 지금 결정해놓으면, 그때까지 그것들에 대해서는 걱정하지 않고 마음 편히 다른 일에 집중할 수 있게 된다. 기업들은 금융공학 기법을 활용해 향후 발생할 다양한 리스크를 헤지하고, 본연의 비즈니스에만 충실할 수 있다. 따라서 금융공학은 미래에 대한 걱정과 불안을 덜어주는 역할을 한다. 금융공학을 통해 미래의 리스크를 최소화할 수 있는 방법론과 논리적 사고를 배울 수 있는 것이다. 즉 금융공학은 미래의 불확실성에 대해 합리적인 의사결정을 할 수 있도록 도와줌으로써, 미래에 발생할 수도 있는 리스크를 줄여준다. 이것이 바로 우리가 금융공학을 공부하는 가장 중요한 이유라고 할 수 있다.

둘째는 돈을 벌기 위해서다. 미래에 발생할 거래에 대해 다른 사람들보다 좀 더 정확히 예측하고 좀 더 빨리 움직인다면, 남들보다 더 많은 돈을 벌 수 있다. 일반적으로 파생상품 거래는 제로섬 게임zero-sum game이기 때문에, 돈을 잃는 사람 반대편에는 반드시 돈을 버는 사람이 있기 마련이다. 투자은행이나 헤지펀드[1]와 같은 금융시장의 투자가들이 바로 금융공학을 이용해 돈을 벌고자 하는 대표적인 세력이다. 물론 돈을 벌기 위해 선물이나 옵션과 같은 파생상품에 투자하는 개미들도 많지만 말이다.

---

1 주로 소수의 개인 투자자들로부터 자금을 모집해 주식, 채권, 외환, 파생상품 등에 투자하는 고위험, 고수익의 투기성 자본으로서, 조지 소로스의 퀀텀 펀드가 대표적인 헤지펀드다.

2장

이것만 알면 충분하다
금융공학의 기초 개념

금융공학에 등장하는 개념이나 용어들은 낯설고 어렵다. 설명을 듣고 반복해서 공부해도 도무지 이해가 안 된다. 그러나 직관적인 표현과 실생활 속의 사례를 중심으로 공부하면 이해하기 쉽다.

금융공학을 위한 기초통계학은 이 정도만 알면 된다

금융공학을 전공하는 학생들이나 금융공학으로 먹고사는 사람들은 복잡한 통계학을 반드시 알고 이해하고 활용할 줄 알아야 한다. 하지만 이제 금융공학에 입문해 막 공부를 시작한 사람들이라면 금융공학을 위한 기초통계학만 이해하면 된다. 그리고 그것도 중요한 개념 위주로 이해하면 된다. 금융공학을 공부하기 위해 알아

두어야 할 기초통계학 개념은 평균, 분산, 표준편차, 베르누이 시행, 이항분포, 정규분포, 브라운 운동 등이다.

그럼 우선, 통계학의 아주 기초라고 할 수 있는 평균, 분산, 표준편차에 대해 알아보자. 어느 대학교의 금융공학개론 수강생들 중 1학년 학생들(5명)의 중간고사 성적이 다음과 같다고 하자. 80점, 84점, 82점, 86점, 88점. 이 학생들의 평균은 얼마인가? (80+88+82+86+84)/5 = 84점. 여기까지는 쉽다. 그럼 분산은 얼마인가? 분산의 개념에 대해서는 좀 헷갈리는 사람들이 있을 것이다. 사례에서의 분산은 학생들의 점수가 평균점수로부터 어느 정도 흩어져 있는가를 나타내주는 지표다. 각 학생들의 점수와 평균점수의 차를 제곱해 다 더한 값을 평균한 값이 바로 분산이다.

$$\{(84-80)^2 + (84-88)^2 + (84-82)^2 + (84-86)^2 + (84-84)^2\}/5 = 8$$

즉 분산은 8이 된다. 분산을 구했다면 표준편차는 문제도 아니다. 표준편차는 분산의 제곱근이기 때문이다. 8의 제곱근은 $\sqrt{8}$이며, $\sqrt{8}$ (또는 $2\sqrt{2}$)이 바로 학생들 성적의 표준편차가 된다.

표준편차는 금융공학에서 매우 중요한 개념이다. 표준편차는 바로 기초자산 가격의 변동성volatility을 의미하기 때문이다. 뒤에서 자세히 설명하겠지만, 변동성은 파생상품 중에서 특히 옵션의 가격을 결정짓는 가장 중요한 변수다(콜옵션이든 풋옵션이든 변동성이 커질수록 옵션가격은 상승한다). 여기까지 이해하는 데 아무런 문제가 없었다면, 금융공학을 위한 기본적인 통계학 지식은 갖추었다고 할 수 있다.

지금 설명하는 기초통계학에 관한 내용은 개념 정도만 이해하고 있으면 된다. 베르누이 시행, 이항분포, 정규분포, 브라운 운동 등은 이름만 들어도 몸서리쳐지는 개념들이다. 마치 외계어 같다. 하지만 핵심 내용만 이해하면, 금융공학을 공부하는 데 어려울 것이 없다. 베르누이 시행은 일명 '모 아니면 도'와 같은 것이다. 즉, 결과값이 딱 두 가지만 존재한다. 예를 들면, 동전을 던져서 앞면 또는 뒷면이 나오는 시행이 대표적인 베르누이 시행이다. 결과값이 두 가지밖에 없으므로, 각 결과값이 나올 확률은 1/2이 된다. 동전을 던졌을 때, 앞면이 나올 확률과 뒷면이 나올 확률이 똑같이 1/2인 것처럼 말이다.

그럼 이항분포는 또 뭘까? 이항二項이란 두 개의 항을 의미한다. '이것 아니면 저것인 분포'라는 말이다. '이것 아니면 저것'(앞면 아니면 뒷면)은 베르누이 시행과 같다. 즉 베르누이 시행을 여러 번 반복 시행해서 나타난 분포가 바로 '이항분포'다.

그럼 정규분포는 무엇일까? 정규분포는 이항분포랑 비슷해 보인다. 어쨌거나 같은 '분포'이기 때문이다. 이항분포를 따르는 확률변수의 시행 횟수를 무한정 반복하면(즉, 베르누이 시행을 무한정 반복하면) 바로 정규분포가 된다. 정규분포는 우리가 일반적으로 알고 있는 가운데가 볼록하고 좌우가 대칭인 반듯한 산 모양의 분포다.

정규분포에서 한 걸음 더 나아간 것이 바로 브라운 운동Brownian motion이다. 브라운 운동은 본래 물리학에서 나온 개념이다. 물리학에서는 작은 입자의 불규칙한 운동을 브라운 운동이라고 한다. 금융공학에서의 브라운 운동은 정규분포와 관련이 있다. 시간의 개념이 포함된 정규분포를 브라운 운동이라고 한다. 주식가격을 예로 들면, 주식가격은 시간의 흐름에 따라 변하는데 특정한 두 시점 간의 주식가격 차이는 정규분포를 따른다는 것이다. 이럴 경우, 시간 간격이 짧을수록 주식가격 변화는 작아지고 시간 간격이 크면 클수록 주식가격의 변화도 커진다는 것이 브라운 운동의 핵심이다.

상식적으로 이해하더라도 시간 간격이 길어지면 주식가격의 변화 가능성은 커진다. 또한 시간이 길어지면 불확실성과 변동성은 커지기 마련이다. 결국 아주 간단한 얘기다. 브라운 운동을 이해하면, 나중에 설명할 옵션가격 결정 이론인 블랙숄즈 방정식을 쉽게 이해할 수 있다.

평균, 분산, 표준편차의 개념과 공식을 완전히 숙지했고, 베르누이 시행, 이항분포, 정규분포, 브라운 운동 등의 기본적인 개념을 이해했다면, 본격적으로 금융공학 공부에 필요한 통계학적 기초를 충분히 갖추었다고 볼 수 있다. 이제 대표적 파생상품인 선도, 선물, 옵션, 스왑 등에 대한 개략적인 내용을 살펴보자.

선도는 뭐고, 선물은 또 뭘까

'선도Forwards'라고 하면 무엇이 떠오르는가? '앞서 간다', '선두에 서서 이끌고 간다', '전진한다' 등 아무튼 '앞장 서서 뭔가를 먼저 한다'는 의미를 담고 있다. 공간적으로뿐만 아니라 시간적으로도 앞서서 뭔가를 한다는 것이다. 미래에 할 것을 지금 먼저 하는 것이 바로 선도다. 좀 더 세련되게 표현하면, 선도란 미래의 특정 시점에 특정 가격으로 특정 상품을 서로 매매하기로 현재 시점에 약속하는 계약이다.

대표적인 선도거래는 일명 '밭떼기'다. 밭떼기는 김장철 배추 수요에 대비해 배추 도매상이 배추 재배농가로부터 미리 배추밭의 모든 배추를 사들이기로 약속하는 계약이다. 배추 도매상이 배추 수확 3개월 전에 농부가 재배하고 있는 배추밭의 모든 배추를 포기당 5,000원에 사기로 미리 계약했다면, 이것이 바로 선도거래다. 이때 3개월 후의 배추 가격은 현재 배추 가격, 예년의 배추 가격 변동폭, 3개월이라는 시간변수 등을 감안해 결정된다.

이러한 선도거래는 후진 농업국가에서 대지주와 소농 간에 주로 이루어져 사회문제가 되기도 한다. 일반적으로 소농들은 농작물을 추수하기 전에 현금이 바닥난다. 즉, 보릿고개에 직면하게 된다. 그래서 소농들은 생계를 위해(또는 굶어 죽지 않기 위해) 추수 전에 현금을 융통하고자 한다. 이러한 소농들의 니즈를 정확히 알고 있는 대지주는 소농들에게 달콤한 제안을 한다. 밭에서 자라는 농작물을 미리 사주겠으니, 대신 싼 값에 넘기라는 것이다. 소농들은 울며 겨자 먹기 식으로 밭에서 자라는 농작물을 대지주에게 미리 헐값에 팔고 현금을 받아 생계를 이어간다. 추수철이 되면 대지주는 헐값에 구입한 농작물을 소농들에게 비싸게 되판다.

이러한 상황이 몇 년 반복되면, 소농들은 결국 작은 농지마저 대지주에게 팔 수밖에 없게 되고, 돈과 농지는 일부 대지주에게만 집중되며 빈부격차가 심해진다. 본래 선도거래를 포함한 파생상품 거래의 가장 중요한 목적은 리스크 헤지(위험회피)인데, 선도거래의 목적이 '돈 벌기'가 되면서 엄청난 사회적 부작용을 초래하게 된 것이다. 돈을 버는 사람이 있으면, 반대편에는 항상 돈을 잃는 사람이 있기 때문이다.

그럼 '선물^{futures}'은 또 뭔가? 생일 선물, 크리스마스 선물, 입학 선물, 졸업 선물 등에서 말하는 선물일까? 선물도 선도와 마찬가지로 미리 거래하는 것이다. 따라서 약속한 조건(품목, 가격, 수량 등)에 따라 미래에 줄 선물^{present}을 지금 미리 결정했다면, 선물^{futures}이 될 수도 있을 것이다. 선물거래는 선도거래와 똑같은 구조를 가지고 있다. 차이가 있다면, 선물거래가 선도거래보다 '표준화'되어 있다는 것이다.

선물과 선도의 차이는 다음 네 가지로 요약할 수 있다. 첫째, 선물은 거래되는 시장이 정해져 있다. 즉 거래소시장에서 거래된다. 선도거래는 장외시장$^{OTC Market, Over the Counter Market}$에서 양 당사자 간에 이루어지지만, 선물거래는 거래소시장에서 다자 간에 거래된다. 선도시장은 생소하겠지만, 선물시장은 어디서 한 번쯤은 들어본 개념일 것이다[1]. 둘째, 선물은 계약단위와 계약만기가 정해져 있다.

---

1 시카고선물거래소(CME: Chicago Mercantile Exchange)가 대표적인 선물시장인데, 세계 최초이자 세계 최대 선물시장이다. 시카고상업거래소라고도 한다.

즉 표준화되어 있다는 것이다. 우리나라 주식 선물시장의 경우, 계약단위는 50만 원, 계약만기는 매 분기말(3, 6, 9, 12월)의 두 번째 목요일이다[2]. 하지만 선도는 계약단위와 계약만기를 당사자 간 자유롭게 정할 수 있다. 셋째, 선물은 매일 매일 정산해야 한다. 따라서 선물거래는 계약 불이행 위험이 없으나, 만기에 한 번 정산하는 선도거래는 계약 불이행 위험이 존재한다. 선도거래는 만기에 '배째라, 안 사겠다(또는 안 팔겠다).'라고 하면 방법이 없다. 해결방법은 소송뿐이다. 넷째, 선물거래는 표준화되어 있어, 당사자들의 모든 니즈에 부합된 거래를 제공할 수 없다. 반면 선도거래는 어떠한 기초자산에 대해서도 당사자들이 원하는 맞춤형 거래가 가능하다.

옵션은 권리다

옵션[option]의 사전적 의미는 '선택할 수 있는 것' 또는 '선택할 수 있는 권리'다. 금융공학에서의 옵션은 후자인 '선택할 수 있는 권리'에 가깝다. 권리이기 때문에 어떤 옵션거래 계약을 하고 만기가 되었을 때, 계약대로 해도 되고 안 해도 된다. 옵션을 구매한 사람의 자유다. 즉 권리다. 권리는 행사해도 되고, 행사하지 않아도 되는 것이다. 따라서 선택을 하지 않아도(권리를 행사하지 않아도) 아무런

---

2 우리나라 주식선물시장의 계약 만기일인 3, 6, 9, 12월의 두번째 목요일을 '네 마녀의 날'(quadruple witching day)이라고 한다. 주가 지수 선물과 옵션, 개별 주식 선물과 옵션 등 네 가지 파생상품 만기일이 겹치는 날로, 이날은 주가가 막판에 요동칠 때가 많아 '마녀(파생상품)가 심술을 부린다'는 의미로 '네 마녀의 날'이라 불린다. (출처: 한경 경제용어사전)

불이익이 없다. 선물과 비교해서 이해하면 더 쉽다. 선물은 만기가 되면 계약 당사자들이 반드시 그 선물계약을 이행해야 한다. 반면 옵션은 이행을 하든 안 하든 상관없다. 옵션을 구매한 당사자에게 이행여부에 대한 선택권이 있는 것이다.

옛날 영화나 드라마를 보면, 고시생 남자와 그 고시생을 뒷바라지 하는 여자친구 간의 사랑 이야기가 종종 등장한다. 고시생 남자가 고시에 합격한 후 여자친구와 결혼하는 해피엔드도 있고, 마음이 바뀌어 그동안 뒷바라지 해 준 여자친구를 배신하고 부잣집 딸과 결혼하는 슬픈 결말도 있다. 이런 이야기를 예로 들어 옵션을 설명해 보자.

어떤 여자가 고시생 남자와 연애를 할 것인가 말 것인가를 결정하는 것도 옵션과 유사하다. 여자는 3년 후 고시생 남자와 (합격 여부와 관계없이) 결혼할 수 있는 권리를 가지고 있다고 가정하자. 여자가 이 옵션을 얻기 위해 지불한 비용(옵션가격)은 3년 동안 연애하면서 고시생 남자 뒷바라지에 쓴 돈과 시간이다. 옵션가격$^{\text{option price}}$은 권리에 대한 대가를 말한다. 좀 냉혹한 비유이기는 하지만, 이 사례에서 고시생 남자는 기초자산에 해당한다. 남자는 고시에 합격하더라도 여자를 배신할 수 없으며, 여자의 선택에 따라야 한다. 이것이 연애(옵션거래)의 조건이다. 이러한 조건하에서 여자는 3년 후 남자가 고시에 불합격할 경우, 그동안의 정을 생각해 결혼할 수도 있고, 아니면 고시에 불합격했으므로 바로 차버릴 수도 있다. 또한 만약 남자가 합격할 경우, 여자는 예상대로 남자와의 결혼을 선택할 수도 있고, 아니면 남자의 사랑이 변했다고 생각해 결혼을 하지 않을 수도 있다.

이러한 경우뿐만 아니라, 일정 기간 연애를 한 후 결혼할 것인지 말 것인지를 선택하는 것은 모두 옵션의 거래구조와 비슷하다고 보면 된다. 연애 기간 동안 들인 공(시간과 돈)은 옵션가격option price에 해당되며, 연애 당사자들 본인은 기초자산이 된다. 진짜 옵션거래 와의 차이가 있다면, 연애 당사자 모두 결혼여부를 선택할 수 있는 권리를 가진다는 것이다. 즉 두 명의 연애 당사자 모두 옵션가격을 지불하고 옵션을 구매한 사람이 되기 때문에, 결혼여부 선택 시점 에서 상대방(기초자산)의 가치를 보고 결혼여부를 결정하게 된다.

일상생활에서의 대표적인 옵션거래는 TV 홈쇼핑이나 인터넷 쇼 핑몰에서 물건을 구매하는 행위다. 왜냐하면 물건을 직접 받아본 후 구매여부를 결정할 수 있는 선택권이 소비자에게 있기 때문이 다. 소비자는 TV 홈쇼핑이나 인터넷 쇼핑몰에서 물건을 주문한 후 물건을 받고 나서 살지 말지 구매결정을 내린다. 기초자산은 주문 한 물건이며, 옵션가격은 쇼핑하는 데 쓴 시간과 반품 시 택배 비 용이다. 물건을 받아본 후 구매하기로 선택했다면(옵션 행사), 최종 적으로 지불한 옵션가격은 쇼핑에 들인 시간이 된다. 반면 구매하 지 않기로 선택했다면(옵션 미행사), 최종적으로 지불한 옵션가격 은 쇼핑에 들인 시간과 반품 시 택배 비용이 된다.

옵션을 사는 것은 옵션을 매수하는 것이고, 옵션을 파는 것은 옵 션을 매도하는 것이다. 옵션 매수자는 옵션가격을 지불하고, 옵션 매도자는 옵션 매수자가 지불한 옵션가격을 수령한다. 옵션에는 콜옵션Call Option과 풋옵션Put Option이 있다. 콜옵션과 풋옵션은 다음과 같이 직관적으로 이해하면 나중에도 헷갈리지 않을 것이다.

친구들과의 포커 게임에서 일명 '레이싱racing'이라는 것을 할 때, "콜call"이라고 말하면, 상대방의 베팅을 받겠다는 것을 의미한다. '받겠다'는 것은 받아들이겠다는 것으로 '사겠다'는 뜻과 비슷하다. 따라서 콜옵션은 '살 수 있는 권리'를 의미한다. 반면 풋옵션에서 'put'은 '두다', '내려놓다'의 의미다. '내려놓다'는 것은 '가져가게 둔다'는 것으로 '팔겠다'는 뜻과 유사하다. 따라서 풋옵션은 '팔 수 있는 권리'를 의미한다.

콜옵션을 매수한 사람은 만기에 기초자산의 가격이 비쌀수록 좋다. 만약 기초자산의 가격이 크게 올랐다면, 옵션계약에 따라 싼 행사가격striking price에 기초자산을 저렴하게 매입한 후 바로 매도해 큰 수익을 실현할 수 있기 때문이다. 예를 들면, 만약 현재 1주당 10만 원짜리 주식을 1년 후 1주당 11만 원에 100주 살 수 있는 콜옵션을 매수했다고 가정해보자. 1년 후 주가가 12만 원이 되면, 콜옵션 매도자로부터 11만 원에 100주를 산 후(콜옵션 행사), 바로 시장에 12만 원에 매각해 100만 원((12만 원-11만 원)×100주)의 수익을 올릴 수 있다(엄밀히 말하면, 100만 원에서 옵션가격을 뺀 금액). 반면 주가가 하락해 9만 원이 되면 콜옵션을 행사하지 않으면 된다. 콜옵션을 행사하지 않을 경우, 콜옵션 매수자는 이미 지불한 옵션가격만큼의 손실만 부담하면 된다.

반면 풋옵션을 매수한 사람은 만기에 기초자산의 가격이 쌀수록 좋다. 만약 기초자산의 가격이 크게 떨어졌다면, 시장에서 크게 떨어진 가격으로 기초자산을 저렴하게 매입한 후 옵션계약에 따라 만기 때의 시장가격보다 비싼 행사가격에 풋옵션 매도자에게 기초자산을 매도해 큰 수익을 실현할 수 있기 때문이다. 예를 들면, 만약 현재 1주당 10만 원짜리 주식을 1년 후 1주당 11만 원에 100주 팔 수 있는 풋옵션을 매수했다고 가정해보자. 1년 후 주가가 하락해 1주당 9만 원이 되면, 풋옵션 매수자는 시장에서 9만 원에 100주를 구입한 후, 풋옵션 매도자에게 11만 원에 매각해(풋옵션 행사) 200만 원((11만 원-9만 원)×100주)의 수익을 올릴 수 있다 (엄밀히 말하면, 200만 원에서 옵션가격을 뺀 금액). 반면 주가가 상승해 12만 원이 되면 풋옵션을 행사하지 않으면 된다. 풋옵션을 행사하지 않을 경우, 풋옵션 매수자는 이미 지불한 옵션가격만큼의 손실만 부담하면 된다.

그럼 옵션가격은 어떻게 계산되고 결정될까? 이러한 문제를 해결하기 위해 등장한 것이 바로 그 유명한 블랙숄즈 방정식이다. 혹자는 블랙숄즈 모델이라고도 하고, 또 혹자는 블랙숄즈 이론이라고도 하나 어떤 표현을 쓰든 중요하지 않다. 블랙숄즈 방정식은 콜옵션, 풋옵션 등의 옵션가격을 계산하기 위해 만들어진 모델이다. 블랙숄즈 방정식으로 계산된 옵션의 가격을 공정가격^{fair price} 또는 이론가격이라고 한다.[3] 블랙숄즈 방정식의 핵심 내용은 크게 두 가

---

3 참고로, 옵션의 이론가격과 실제 시장가격 간의 차이를 이용해 차익을 실현하는 거래가 바로 그 유명한 아비트리지(arbitrage)이며, '재정거래' 또는 '무위험 차익거래'라고도 한다.

지로 요약할 수 있다. 첫째, 옵션계약의 만기일이 가까워질수록 시장의 불확실성이 줄어들기 때문에, 시간의 흐름에 따라 옵션가격은 낮아진다. 둘째, 기초자산 가격의 변화에 따라 옵션가격도 변한다. 두 가지 다 지극히 당연한 얘기다. 여기서는 블랙숄즈 방정식에 대해 이 정도만 이해하면 된다. 지금 여기서 블랙숄즈 방정식의 복잡한 수식을 걱정할 필요는 없다. 더 자세한 내용은 뒤에서 설명할 것이다.

옵션에 대한 얘기를 마치기에 앞서 등가격, 내가격, 외가격에 대해 알아보자. 옵션에 대한 기초적인 지식이 있는 사람이라면 어디선가 한 번쯤은 들어본 개념들일 것이다. 등가격$^{\text{at the money}}$이란 옵션의 행사가격이 기초자산의 가격과 같을 때 쓰는 용어다. 그리고 콜옵션의 경우, 기초자산의 가격이 옵션의 행사가격보다 높으면 내가격$^{\text{in the money}}$, 기초자산의 가격이 옵션의 행사가격보다 낮으면 외가격$^{\text{out of the money}}$이라고 한다.

반면 풋옵션에서의 내가격과 외가격은 콜옵션과 반대로 생각하면 된다. 기초자산의 가격이 옵션의 행사가격보다 낮으면 내가격, 기초자산의 가격이 옵션의 행사가격보다 높으면 외가격이라고 한다.

스왑은 스와핑과 다르다

흔히 스왑^{swap}이라고 하면, 한때 사회적 물의를 일으켰던 스와핑^{swapping}을 떠올리는 사람이 많을 것이다. 따라서 스왑도 혹시 도덕적으로 옳지 않은 파생금융상품이 아닐까 하는 생각을 할 수도 있을 것이다. 즉 스왑이 사기성 짙은 파생금융상품일지 모른다고 오해할 수도 있다.

스왑이라는 파생금융상품이 스와핑처럼 무언가를 교환한다는 점에서는 양자가 비슷한 점도 있다. 하지만 스왑은 도덕적으로 전혀 문제없는 금융상품이다. 스왑은 말 그대로 무언가를 교환하는 거래계약을 말한다. 교환하는 이유, 즉 스왑을 하는 이유는 다른 파생상품과 마찬가지로 미래의 불확실성과 리스크를 최소화하기 위함이다(스왑은 특히 그렇다).

스왑이 일반적인 교환과 다른 점은 잠시 교환한다는 것이다. 당사자 간 합의하에 각 당사자가 가지고 있는 것을 서로 잠시 교환해서 바꿔 쓴다고 생각하면 된다. 예를 들면, 수학 참고서를 가지고 있는 철수와 영어 참고서를 가지고 있는 영희가 서로의 참고서를 교환해서 공부한 후 1개월 후에 다시 되돌려주기로 했다면, 이 또한 스왑 계약에 해당한다. 영어를 잘하는 직원을 데리고 있는 부서와 중국어를 잘하는 직원을 데리고 있는 부서가 상호 합의하에 6개월 동안 해당 직원들을 서로 교환해 파견근무를 시키고, 6개월 후에는 다시 원래 소속 부서로 복귀시키는 계약을 맺었다면 이 또한 스왑 계약이라고 할 수 있다.

이와 같이 스왑은 실생활에서 많이 접할 수 있는 거래유형이다. 그리고 위의 예에서 볼 수 있듯이, 스왑 계약이 성사되기 위해서는 양 당사자가 서로 스왑을 필요로 해야 한다. 스왑거래라는 교환행위를 통해 모든 스왑 계약 당사자들의 리스크는 감소하고 편익^{benefit}은 커져야 한다는 것이다. 곰곰이 생각해보면 일상생활에서 벌어지는 거의 모든 교환행위가 바로 이 스왑거래와 상당히 유사하다는 것을 알 수 있다.

스왑의 개념에 대해 직관적으로 이해했다면, 이제 금융시장에서 이루어지는 진짜 스왑거래에 대해 알아보자. 금융시장에서 스왑거래의 기초자산은 주로 통화^{currency}와 이자율^{interest rate}이다. 그래서 스왑과 관련해 어디선가 통화스왑이나 이자율스왑(또는 금리스왑)이라는 용어를 들어본 적이 있을 것이다. 2008년 글로벌 금융위기 당시 우리나라가 미국, 일본, 중국과 통화스왑을 체결했었는데, 이것이 바로 국가 간 통화스왑의 대표적인 예다. 양국이 통화스왑을 통해 교환활 금액과 계약기간을 정함으로써 스왑 계약을 체결하는 것이다. 당시 우리나라와 미국 간 통화스왑 계약은 금융위기 등 필요시에 300억 달러 한도 내에서 한국의 원화와 미국의 달러를 교환한다는 조건이었다. 그리고 금액과 통화는 다르지만 이와 비슷한 스왑 계약을 일본 및 중국과도 체결했다.

통화스왑의 일반적인 거래 방식은 비교적 단순하다. 통화스왑 거래 개시와 함께 거래 당사자 쌍방이 원금을 교환하고(자신이 보유하고 있는 통화를 상대방이 보유하고 있는 동화와 교환), 거래기간 동안은 이자만 교환하다가 거래 종료와 함께 원금의 재교환이 이루어진다.

국내기업과 그 국내기업의 자회사인 미국법인이 미국 달러화에 대한 통화스왑 거래를 하면 어떻게 될까? 일단 양자 간 통화스왑 계약은 100만 달러 규모이며, 계약기간은 3년, 환율은 달러당 1,000원, 이자율은 달러화가 2%, 원화가 4%라고 가정하자. 통화스왑 거래 개시와 함께 양자는 달러화와 원화를 교환한다. 즉 국내기업은 미국법인에 10억 원(100만 달러×1,000원)을 주고, 미국법인으로부터 100만 달러를 받는다. 그리고 각 통화에 대한 이자로 상호간 매년 4,000만 원(10억 원×4%)과 2만 달러(100만 달러×2%)를 교환한다. 3년 후 원금과 함께 마지막 해의 이자를 교환(국내기업은 미국법인에 102만 달러를 주고, 미국법인으로부터 10억 4,000만 원을 받음)함으로써 통화스왑 거래는 종료된다.

반면 이자율스왑은 이자율을 교환하는 거래다. 예를 들면, 변동금리와 고정금리를 서로 맞바꾸는 것이다. 이자율스왑 거래를 위해서는 동일한 통화라는 전제 조건이 있어야 한다. 통화는 교환되지 않고 이자율만 교환되기 때문이다. 그리고 교환의 대상이 되는 이자율은 주로 장기고정금리와 단기변동금리다.

예를 들어, A라는 은행이 개인고객들에게 코픽스COFIX 변동금리로 아파트 담보대출을 판매했는데, 이자율 리스크 때문에 고정금리로 바꾸고자 한다고 가정하자. 이런 경우, 담보대출을 받은 고객들에게 고정금리대출로 전환하라고 강제할 수는 없는 노릇이다. 이런 상황에서 B라는 은행이 단기자금 운용을 위해 변동금리를 선호한다고 한다면, A은행과 B은행은 이자율스왑을 통해 서로의 편익을 증대시킬 수 있다.

스왑에 대한 얘기를 마치기 전에 스왑과 혼동될 수 있는 용어들에 대해 간단히 설명하고자 한다. 첫째는 CDS^Credit Default Swap다. 결론부터 말하면, CDS는 스왑이 아니라 보험^insurance이다. 미국은 보험에 대한 규제가 강하기 때문에 일부러 스왑이라는 말을 붙여 규제를 피하고자 만든 금융상품이 바로 CDS다. 예를 들어, 채권을 발행한 기업이 지불불능^default이 되면, 해당 채권은 휴지 조각이 되고만다. 그런데 투자자가 채권을 매입하면서 동시에 보험회사로부터 CDS도 함께 사서 채권에 붙이면 채권을 발행한 기업이 지불불능이 되더라도 CDS를 판 보험회사에서 대신 지불해준다. 투자자는 CDS 보험료 지불을 통해 채권의 지불불능 리스크를 헤지하는 것이다. 이때 투자자가 지불하는 CDS 보험료를 CDS 프리미엄 또는 CDS 스프레드라고 한다. 참고로, 채권의 신용등급^rating이 낮을수록 CDS 프리미엄은 증가한다. 위험한 채권이라서 CDS 보험료가 올라가는 것이다. 반대로 채권의 신용등급이 높을수록 CDS 프리미엄은 감소한다. 안전한 채권이니까 CDS 보험료가 내려가는 것이다.

스왑과 혼동되는 또 하나의 용어는 캐리 트레이드^Carry Trade다. 캐리 트레이드는 특히 통화스왑과 헷갈린다. 통화스왑은 통화가 잠시 교환되는 것이다. 캐리 트레이드는 통화의 교환이 아니라 '환전투자'에 가깝다. 캐리 트레이드는 이자율이 낮은 선진국 통화를 이자율이 높은 신흥국 통화로 환전해 신흥국에 투자함으로써 통화 간 이자차익과 투자수익을 동시에 취하는 거래이기 때문이다.

달러 캐리(캐리 트레이드를 줄여서 '캐리'라고도 한다.)를 예로 들어 보자. 미국 달러의 이자율이 연 2%이고 태국 바트화의 이자율이 연10%라고 가정하면, 글로벌 투자자들은 달러를 조달해 바트화로 환전한 후 태국의 금융기관에 넣어두거나 태국 기업에 투자한다. 투자자들이 원하는 수준의 수익을 실현했거나 바트화 가치가 하락(달러 가치 상승)할 것으로 예상될 경우, 바트화를 팔고 달러를 매입함으로써 수익을 실현한다. 이러한 과정을 달러 캐리 청산이라고 한다. 참고로 캐리 트레이드 청산이 한꺼번에 일어나면, 즉 모든 투자자들이 신흥국 통화를 팔고 선진국 통화를 매입하면, 신흥국의 통화가치가 급락하게 되기 때문에 신흥국의 외환위기를 초래할 수도 있다. 그래서 글로벌 환투기를 하는 헤지펀드와 같은 세력을 항상 경계해야 하는 것이다. 우리나라도 1997년 IMF 외환위기 당시 유사한 경험을 했던 적이 있다. 같은 경험을 반복하지 않기 위해서는 역사와 다양한 사례를 통해 배우고 교훈을 얻어야만 한다.

3장

역사에서 배운다
세상을 뒤흔든 파생상품 거래

2008년 글로벌 금융위기 이후 금융공학에 대한 비판이 쏟아지고 있다. 복잡한 금융공학 기법을 활용한 무분별한 파생상품 거래가 없었다면 글로벌 금융위기는 없었을 것이라고 주장하는 사람들이 많다. 맞는 말이다. 하지만 금융공학의 발전이 없었다면, 이에 상응하는 실물경제의 발전이 정체 상태를 면치 못했을지도 모르는 일이다.

자동차 사고가 났다고 해서 자동차를 대중화시킨 헨리 포드를 비난하지는 않을 것이다. 마찬가지로 금융위기가 발생했다고 해서 금융공학이 폐기되거나 비난받는 일은 옳지 않다. 로버트 머튼 Robert C.Merton[1]의 주장처럼 오히려 금융공학은 더 정교하게 분화되고

---

1 블랙숄즈 방정식으로 1997년 노벨경제학상을 수상한 경제학자. 현재 MIT 경영대학원 교수로 재직 중이다.

발전할 것이다. 세계 금융시장을 뒤흔들었던 사건들과 그 사건의 배경에 있었던 파생상품 거래를 통해 금융공학이 제공하는 이점과 폐해에 대해 살펴보자.

서브프라임 모기지와 글로벌 금융위기

2008년 9월 15일은 자본주의 역사에서 악몽과도 같은 날이었다. 수백 년을 이어온 자본주의가 일시에 종말을 고할 수도 있다는 위기감이 전 인류를 엄습한 날이었다. 바로 전 세계를 주름잡던 글로벌 투자은행인 리만 브라더스가 파산한 날이었고, 리만 브라더스 파산을 시작으로 글로벌 금융위기가 본격화되면서 전 세계적인 금융공황이 시작되었다. 절대로 빠져나올 수 없을 것 같은 늪에 자본주의가 빠져버린 날이었다.

금융공학의 시각에서 볼 때, 2008년 글로벌 금융위기는 금융공학이 얼마나 무서운 재앙을 만들어낼 수 있는지를 보여준 일대 사건이었다. 금융공학이 만들어낸 파생상품이 글로벌 금융위기의 주요 원인이었기 때문이다. 자세한 내용을 살펴보자.

2000년 인터넷 버블이 꺼지면서 바닥을 찍은 미국 경제는 이후 호황기에 접어들게 된다. 저금리가 유지되고 시장에는 유동성(돈)이 넘쳐나게 되었다. 이에 따라 주택 가격이 폭등하게 되고, 주택을 구입한 사람은 모두 돈을 벌었다. 모든 사람이 주택을 구입해 돈을 벌고 싶어 하게 되고, 은행과 모기지 회사는 이러한 소비자 심리를 이용해 모기지 대출(주택담보대출) 판매를 대폭 늘렸다. 소비자는 주택 구입을 통해 돈을 벌고, 은행과 모기지 회사는 모기지 대출을 팔아 이자수익을 챙겼다. 누구 하나 불행한 사람이 없는 정말 모두가 행복한 시기였다.

은행과 모기지 회사는 이러한 행복이 오래 지속되기를 바랐다. 그런데 그러기 위해서는 더 많은 현금이 필요했다. 현금이 있어야 모기지 대출을 더 늘릴 수 있었기 때문이다. 그래서 생각해낸 것이 이미 판매한 모기지 대출을 유동화하는 것이다. 즉 모기지 대출을 증권화해 판매한 후 현금을 확보하고, 그 현금으로 다시 모기지 대출을 판매하는 것이다. 이러한 증권을 모기지 유동화 증권 RMBS, Residential Mortgage Backed Securities 또는 주택담보대출 유동화 증권이라고 한다.

RMBS를 매입한 은행과 투자은행은 금융공학을 활용해 무시무시한 파생상품을 만들어낸다. 바로 RMBS를 기초자산으로 한 CDO^{Collateralized Debt Obligation}, 즉 부채담보부증권이다(사실 CDO는 RMBS 외에도 다양한 채권들을 섞어 유동화(현금화)한 증권이다). 은행과 투자은행은 CDO를 팔아 현금화한 후 또 다른 CDO를 매입하고, 이를 또 다시 유동화해 CDO를 발행한 후 현금을 확보하고, 또 다시 CDO를 매입하는 행위를 반복한다. 그 이유는 수익률이 좋기 때문이다. 저금리인 상황에서 고금리의 CDO는 상당히 매력적인 투자상품이었다. 이제 CDO를 매입한 은행과 투자은행도 함께 행복하게 되었다.

여기에 AIG 같은 보험회사도 이 행복한 판에 슬쩍 끼어든다. 보험회사는 CDS^{Credit Default Swap}라는 보험을 판매한다. CDO가 쓰레기가 되더라도 투자금액을 회수할 수 있는 보험상품을 개발해낸 것이다. CDO에 CDS를 결합하면, 혹시라도 CDO가 쓰레기가 되더라도 CDS를 판매한 보험회사가 투자자의 CDO 투자금액을 대신 지불해주는 것이다. 그래서 은행과 투자은행은 CDO를 구입하면서 CDS도 세트로 함께 구입하게 된다. 이를 합성 CDO^{Synthetic CDO}라고 한다. 이 얼마나 완벽한 금융상품인가. 역사상 존재한 적이 없었던 '보험까지 들어있는 안전한 고수익 파생금융상품'인 것이다. 이제 CDO 판매로 보험료를 벌어들일 수 있게 된 보험회사도 함께 행복하게 되었다.

그런데 문제가 발생했다. 주택시장의 버블이 꺼지고 주택거래가 감소하면서 모기지 대출에 대한 연체가 발생하기 시작한 것이다. 이때 가장 심각한 것이 바로 서브프라임 모기지 대출이었다. 미국에서 모기지 대출(주택담보대출)은 대출받는 사람의 신용등급에 따라 프라임^{prime}, 알트에이^{alt-A}, 서브프라임^{sub-prime}으로 나뉜다. 신용등급이 가장 좋으면 프라임, 그다음으로 좋으면 알트에이, 가장 나쁘면 서브프라임이다. 그래서 서브프라임 모기지란 말이 나온 것이다.

서브프라임 모기지 대출의 연체율이 급등하자, 서브프라임 모기지 대출을 기초자산으로 한 RMBS와 CDO가 쓰레기가 되기 시작했다. 쓰레기가 워낙 크다 보니, 아무리 CDS 보험을 들었다고 할지라도 보험회사가 대신 지불해줄 수 없는 상황이 되었다. 이제 모두가 불행하게 되었다. 서브프라임 모기지 대출로 주택을 구입한 사람들은 주택 가격 하락과 대출금 연체로 불행해졌고, 모기지 대출을 판매한 은행과 모기지 회사는 대출원금과 이자를 회수하지 못해서 불행해졌고, RMBS와 CDO에 투자한 은행과 투자은행은 투자 손실을 보게 되어서 불행해졌고, 보험회사는 쓰레기가 된 CDO의 규모가 너무 커서 이에 대해 대신 지불해줄 돈이 없기 때문에 불행해졌다.

결국 모기지 회사, 은행, 투자은행, 보험회사 등은 파산하거나 정부의 공적자금을 받을 수밖에 없게 되었다. 그리고 전 세계 금융 시장이 촘촘하게 얽혀 있고 글로벌 금융시장에서 CDO와 CDS가 활발하게 거래되고 있는 상황에서, 이러한 위기는 미국 내부의 위기가 아니라, 글로벌 금융위기로 번져버리고 말았다. 이것이 바로 '리스크 헤지'가 아닌 '이익 추구'를 목적으로 한 금융공학이 만들어낸 재앙의 전모다.

LTCM 파산

LTCM Long Term Capital Management 은 살로만 브라더스에서 채권 거래 책임자로 있었던 존 메리웨더가 1994년에 설립한 헤지펀드로서, 이 회사를 통해 메리웨더는 시장에서 내로라하는 트레이더들과 학계의 저명인사들을 아우르는 세계적인 네트워크를 구축하게 된다. 그의 노력은 거대 투자은행들에게 신뢰를 주기에 충분했고, 결과적으로 초기에 투자은행들이 내놓은 투자비는 13억 달러에 이르렀다.

LTCM은 초기부터 성공이 보장된 것 같은 헤지펀드였다. LTCM 이사회에는 블랙숄즈 옵션가격 결정모형 개발로 노벨상을 수상한 마이런 숄즈와 로버트 머튼뿐만 아니라, 미 연방준비제도이사회의 부의장이었던 데이빗 뮬린스가 포진되어 있었다. 특히 데이빗 뮬린스는 LTCM의 파트너가 되기 위해 미 연방준비제도이사회 부의장 자리를 떠날 정도로 LTCM의 미래를 밝게 봤다. 이렇듯 화려한 멤버로 구성된 LTCM의 신용에 대해서는 어느 누구도 이의를 달지 않았고, 80여 명의 초기 투자자들은 일인당 최소 1,000만 달러라는 거액을 투자해 경영에 참여했다. 이들 초기 투자자 중에는 베어스턴스 사장인 제임스 케인도 있었고, 메릴린치와 스위스 연방은행도 거액의 투자에 참여했다.

LTCM의 기본 전략은 다른 헤지 펀드들과 마찬가지로 무위험 차익거래였다. 기본적으로 시장에서 형성되는 가격의 불일치를 찾아내어 저평가된 자산을 매수하고 고평가된 자산을 매도하는 전략이었던 것이다.

무위험 차익거래를 통한 수익률은 아주 낮았기 때문에, LTCM은 고수익을 위해 높은 수준의 레버리지[2]를 추구하게 된다. 1998년 초에는 50억 달러의 자본금에 1,250억 달러의 부채를 이용해 거래

---

2 다른 사람 돈을 빌려 투자하는 것. 즉 자기 돈이 충분하지 않은 상황에서 다른 사람 돈을 많이 빌려 투자하는 행위를 말한다.

하기에 이른다. 레버리지 효과가 무려 25:1(1,250억 달러 부채:50억 달러 자본금)이었다. 더욱 놀랄 만한 사실은 옵션, 스왑, 기타 파생상품 거래로 이루어지는 재무제표상에 나타나지 않는 거래 포지션의 액면가가 무려 1조 2,500억 달러에 이르렀다는 점이다. 하지만 대부분의 포지션들은 적절한 헤징 전략이 수반되어 있어서, 액면가 자체에 큰 의미는 없었다. LTCM의 트레이더들은 적절한 매수 및 매도 포지션을 통해 전체적인 포트폴리오 리스크를 최소화하는 데 아주 능숙해 있었기 때문이다.

그러나 LTCM은 거래량이 워낙 방대해 유동성 문제를 발생시킬 가능성이 있다는 사실을 과소평가함으로써 결국 위기를 자초하게 된다. 유동성 위험이란 거래량의 급변으로 인해 시장에서 사자^{buy} 또는 팔자^{sell} 세력이 부족해 수요 또는 공급 부족 현상을 일으키는 위험을 말한다. 유동성 위험이 존재할 경우 아무리 이론적으로 정확한 가격이 제시되더라도 수요공급의 법칙이 허물어진 상태이므로 시장이 제 기능을 할 수 없게 된다. 결론적으로 LTCM의 문제는 정교한 트레이딩 기법에도 불구하고 유동성 문제를 간과함으로써 발생했다고 볼 수 있다.

결국 창립 4년 후인 1998년 9월, LTCM은 심각한 손실을 입고 채무불이행 위험에 빠지게 된다. 당시 LTCM 파산에 따른 연쇄 도산을 막기 위해 미 연방준비제도이사회^{FRB, Federal Reserve Board}는 35억 달러의 구조조정 자금을 지원했다. 지원 조건은 이 구제금융에 참여한 투자은행과 상업은행들이 LTCM 자본의 90%를 인수한다는

것이었다. 그 무렵까지 한국에서 통용되었던 대마불사^{大馬不死}라는
관행이 바다 건너 미국에서도 통했던 것 같다.

자세한 사건 일지는 다음과 같다.

- 1994년: 존 메리웨더가 LTCM 헤지펀드를 창립함. 80명의 개
  별 투자자가 각각 1,000만 달러 이상 투자함. 초기 자본금은
  13억 달러(「워싱턴 포스트」, 1998년 9월 27일자 참조)임.
- 1997년 말: 자본금 70억 달러를 돌파함. 수익률은 시장 평균
  수준인 27%임.
- 1998년 초: LTCM 펀드의 포트폴리오 총액이 1,000억 달러를
  돌파함. 순자산 가치는 40억 달러에 달함. LTCM 펀드의 파생
  상품 포지션이 1조 2,500억 달러로 전 세계 시장의 5%를 점
  유함. 러시아 등 신흥 시장과 저당담보부채권에 주력함.
- 1998년 8월 17일: 러시아가 루블화를 평가절하(통화가치 하락)
  하고 부채 135억 달러에 대해 모라토리엄을 선언함. 전 세계
  헤지 펀드와 투자자들이 좀 더 안전한 투자처를 찾아 움직이
  는 자금 이동이 시작되었고, 이러한 이동은 전 세계 금융시장
  에 유동성 위기를 불러오면서 LTCM 펀드에 치명타를 입힘.
- 1998년 9월 1일: LTCM의 자본금이 23억 달러로 급락함. 메리
  웨더는 대량 손실에 대한 보고서를 투자자들에게 보내고 기존
  투자가들이 12월 이전에는 투자액의 12% 이상을 인출할 수
  없다는 정책을 공표함.

- 1998년 9월 22일: LTCM의 자본금이 6억 달러로 급락함. LTCM의 마진콜margin call, 즉 선물가격 변화에 따른 추가 증거금 납부 요구에 대한 우려가 나타나기 시작했으나, 연쇄 금융위기에 대한 우려 때문에 어느 은행도 선뜻 자본 회수를 제안하지 못함.

- 1998년 9월 23일: 골드만 삭스, AIG, 워렌 버핏이 LTCM을 2억 5,000만 달러에 인수할 뜻이 있음을 표명했으나, 성사되지 않음. 같은 날 오후, 뉴욕 연방준비은행은 투자은행 및 상업은행으로 구성된 채권단 컨소시엄으로 구조조정 계획을 발표하고, LTCM 자본금의 90%를 채권단이 소유하기로 함.

- 1998년 10월 12일: LTCM이 거의 파산했다는 인식이 널리 퍼짐. 대부분의 은행들이 자신들의 투자액을 손실로 상각함(손실로 처리함). UBS는 투자액 7억 달러의 75%, 독일 드레스드너 은행은 1억 4,500만 달러, 크레딧 스위스는 5,500만 달러를 각각 손실로 처리함. 이 손실로 인해 UBS 회장인 카비알라베타와 세 명의 경영진이 퇴진함. 메릴린치 등 기타 투자은행에서도 상당수 재무담당 경영진이 퇴진함.

- 1999년 4월: 클린턴 미국 대통령이 LTCM의 위기와 금융시장의 연쇄적 위험에 대한 사례를 공표함.

LTCM 문제의 궁극적 원인은 금융시장이 불안해지기 시작하면서 전 세계 채권시장의 투자자들이 좀 더 안전한 투자처를 찾아

자금 이동을 시작했다는 것이다. 러시아 금융시장 상황이 악화되면 될수록, 채권 포트폴리오 매니저들은 좀 더 유동성이 풍부하고 안전한 자산으로 포트폴리오를 이동시키기 시작했다. 이러한 분위기는 대부분의 투자가들이 가장 안전한 채권인 미 재무성 채권으로 몰리게 하는 현상을 가져왔는데, 결과적으로 전 세계 채권시장에는 일종의 공황 심리가 팽배하게 조성되었다. 설상가상으로, 미 정부는 지난 몇 년간 채권 발행 규모를 줄여왔기 때문에 시장의 급증하는 미 재무성채권 수요에 비해 공급이 턱없이 모자라면서 공황 심리는 더욱더 팽배해지는 악순환이 이어졌다.

LTCM 포트폴리오 전략은 분산을 최소화하면서 기대수익률을 최대화하는 전략이었다. 표준편차의 제곱인 분산 또는 리스크는 금융시장의 평균 리스크 수준을 넘지 않게 유지하면서 최대의 기대수익률을 추구하는 아주 전통적인 방법을 사용했던 것이다.

다음의 표는 LTCM이 주로 구사하던 포트폴리오 전략을 두 개의 자산으로 구성된 가상의 포트폴리오로 만들어본 것이다(다음에 나오는 내용은 약간 어려울 수도 있으나, 표를 보면서 천천히 읽으면 이해하는 데 도움이 될 것이다). 두 개의 자산 중 하나는 회사채(BAA등급)이고, 다른 하나는 미 재무성채권[3]이다. 자료는 1998년 파산 전 상황을 감안하기 위해 1993년부터 1997년까지 5년간 자료를 이용했다. 이 두 개의 채권은 상당히 높은 상관관계를 보여주었다

---

3 미국 정부가 발행하는 채권에는 두 종류가 있다. 미 재무성증권(Treasury Bill), 일명 T-Bill은 통상 만기 1년 미만의 단기 증권이다. 미 재무성채권(Treasury Bond)은 T-Bond라고도 하는데, 일반적으로 만기 10년 이상의 장기 채권이다.

(96.54%). 기대수익률은 분석의 편의를 위해 1997년 12월 수익률을 그대로 사용했고, 회사채와 미 재무성채권 간의 신용 스프레드 (수익률 차이)는 1.53%(7.28%-5.75%)였다. 우선 LTCM은 수익률이 좋은 회사채를 매입하고 이에 대한 헤징 전략으로 상관관계가 높은 미 재무성채권을 매도한다. 이렇게 함으로써 회사채 수익률이 오르든 내리든 간에 일정 정도의 수익을 보장받을 수 있게 된다. 한걸음 더 나아가서, 무위험 채권 이자율이 5.36%에 불과하므로 이를 대출받아 회사채에 투자한다면 추가 수익도 기대할 수 있다.

구분	회사채	미 재무성채권	무위험 채권
기대수익률	7.28%	5.75%	5.36%
변동성	5.47%	6.58%	
거래 포지션(거래금액)	$10.50	-$8.30	-$1.20
거래 기간	월간	연간	
기대 수익	1.9%	22.2%	
추정 변동성	4.3%	14.9%	

※회사채와 미 재무성채권 간 상관관계: 96.54%

따라서 LTCM은 위의 표에서처럼, 총 1달러 투자로(회사채 $10.50 매입, 미 재무성채권 $8.30 매도, 무위험 채권 $1.20 매도) 무위험 차익거래를 할 수 있게 된다.[4] 만일 LTCM이 예상한 대로 회사채와 미 재무성채권의 상관관계가 96.54% 부근에서 변함이 없을 경우, LTCM은 누워서 떡 먹기 식으로 수익을 챙기는 전략을 발굴한 셈이 된다. 이 포트폴리오의 기대수익률은 월 1.9%, 연으로 환산하면

---

4 $10.50 − $8.30 − $1.20 = $1.00

22.2%로 무위험 차익거래로서는 상당한 수익률이었다. 변동성은 월 4.3%, 연 14.9%에 불과해 아주 안정적인 수익 모델로 보인다.

그러나 여기에는 문제가 있었다. 연간 변동성이 14.9%로 낮은 이유는 포트폴리오를 구성하는 두 개의 자산, 즉 회사채와 미 재무성채권 사이에 높은 상관관계(96.54%)가 존재하기 때문이었다. 높은 상관관계를 가진 두 자산 중 하나는 매수하고 하나는 매도하는 전략을 구사했으니, 당연히 리스크가 낮게 나올 수밖에 없었다. 문제는 그러한 높은 상관관계가 유지되지 않았다는 사실이다. 변동성과 마찬가지로 상관관계도 일정한 균형 상태가 존재해 상관관계가 너무 높으면 낮아지려는 경향이 있고, 너무 낮으면 평균을 향해 높아지려는 경향이 있다. 즉 상관관계가 너무 높아서 낮아지려는 경향을 보일수록, 변동성은 더욱 커지게 되는 것이다.

물론 마이런 숄즈와 로버트 머튼 같은 세계적인 석학들이 포진되어 있었던 LTCM 헤지펀드가 이런 단순한 사실을 몰랐을 리는 없다. 포트폴리오 운영 과정에서 여러 단계의 의사결정을 거치면서 나타나는 의사결정 구조의 약점과 조직 내부에 존재하는 업무 프로세스상의 문제가 복합적으로 작용해 이런 문제를 야기했다고 보는 편이 옳을 것 같다.

이론과 달리 시장에서는 채권시장의 불안정성이 커지면서 회사채에 대한 채무 불이행 리스크가 불거지고, 이러한 현상은 회사채와 미 재무성채권 사이의 강한 상관관계를 무너뜨리기 시작했다. 결국 두 자산 간의 상관관계가 80% 수준까지 하락하게 되고, 결과적으로 LTCM 포트폴리오의 변동성은 기존의 연 15% 수준에서 36% 수준까지 급등하게 된다. 이에 따라 포트폴리오의 실제 수익은 1998년 5월 마이너스 3억 2,500만 달러를 기록했고, 점점 손실이 불어나서 8월에는 18억 달러 이상의 손실을 기록했다.

LTCM이 추구한 수익 구조는 상당히 비대칭적이었다. 즉, 어느 한쪽으로 시장이 움직일 때, 다른 쪽으로 시장이 움직이는 것에 비해 과다한 이익이나 손실을 기록하는 수익 구조였다. LTCM은 이자율스왑 거래에 상당한 비중을 할애했는데, 1998년까지 스왑 스프레드는 상당히 작았고, LTCM은 스프레드가 작은 상황에서 수익을 내는 옵션거래에 치중했다. 반대로, 스왑 스프레드가 커지면 커질수록 LTCM은 손실을 보는 구조였다.

또한 LTCM은 러시아 및 기타 신흥 시장의 채권 매입에 집중했다. 위험한 만큼 상당한 수익을 낼 수도 있는 거래 전략이었지만, 그 국가들이 디폴트default된다면 LTCM의 손실은 눈덩이처럼 커질 수 있는 비대칭적 수익 구조 전략이었다. 문제는 헤징 전략이 시장의 급변하는 상황을 커버할 만한 수준까지 구축되지 않았다는 데 있었다.

한 가지 더 짚고 넘어가야 할 문제는 금융시장의 위기와 도미노 효과였다. 만일 LTCM만 위와 같은 거래 전략을 구사했었더라면, 실제로 전 세계 금융시장이 공황 상태로 치닫지는 않았을지도 모른다. 하지만 살로만 브라더스, 메릴린치 등 굵직굵직한 투자은행들이 유사한 전략을 구사함으로써, 금융위기에 대한 우려가 생겨

났고 공황에 대한 위기감은 도미노 현상처럼 퍼져갔다.

1998년 초, 시티그룹 공동회장인 샌디 웨일은 자회사 살로먼 브라더스의 채권 무위험 차익거래 팀을 해체하기로 결정한다. 당시 살로만 브라더스의 채권 무위험 차익거래 팀은 채권시장에서 가장 큰 손 중의 하나였기 때문에, 팀의 해체는 채권시장의 유동성에 상당한 타격을 가하게 되고 다른 헤지펀드들도 도미노처럼 영향을 받기에 이르렀다.

베어링 은행 파산

1995년 2월 26일 영국 여왕은 233년의 역사를 지닌 영국의 자존심과도 같은 베어링 은행의 파산 소식을 들으면서 국왕으로서 큰 치욕과 상실감을 느꼈을지도 모른다. 놀랍게도 베어링 은행을 파산으로 몰아넣은 것은 약관 28세의 트레이더였다. 니콜라스 리슨이라는 이름의 청년 트레이더는 파생상품 거래로 총 13억 달러의 손실을 회사에 안김으로써, 베어링 은행의 전체 자본금 9억 달러를 순식간에 잠식해버렸다.

리슨은 싱가포르 외환시장과 오사카 거래소시장을 무대로 하여 두 시장 간의 가격 차이에서 발생하는 무위험 차익거래를 담당하는 직원이었다. 하지만 그는 거래 범위를 위험이 적은 무위험 차익거래에 국한하지 않고 다양한 형태의 파생상품을 매매하는 데 주력했다. 상부 경영층의 관리 소홀 덕에 그는 트레이딩과 백오피스 업무

(리스크 관리)를 동시에 맡는 행운(?)을 얻게 된다. 일반 트레이더의 무분별하고 위험한 거래를 통제하고 회사 전체의 리스크를 종합 관리하는 것이 파생상품 거래의 기본임에도 불구하고, 베어링 은행은 두 가지 업무를 리슨에게 모두 맡기는 어처구니 없는 행동을 취한 것이다.

손실이 불어나면 날수록, 리슨은 자신의 거래를 통제할 아무런 제도적 장치가 없다는 점을 악용해 손실을 만회하고자 더욱 공격적인 거래를 하게 된다. 그러나 일본 고베 지진이 발생하고 닛케이 지수가 급락하면서 손실은 엄청나게 불어났고, 결국 13억 달러의 손실을 입은 이 사건으로 베어링 은행은 1995년 3월 네덜란드 ING 은행에 1파운드에 팔리는 신세로 전락한다.

한 발짝 더 들어가보자. 1993년 베어링 은행 싱가포르 지사에 선물거래 관리자로 임명된 리슨은 이후 1년 동안 트레이딩과 백오피스 업무를 모두 거머쥐게 된다. 그의 상관이 상업은행 출신으로서 파생상품 거래에 대해 거의 무지했던 사실을 잘 이용한 셈이다. 부임 초기 상당한 수익을 창출하는 것을 본 경영층은 그를 신뢰하기 시작했고, 그의 거래 뒤에 숨은 리스크를 간과한 채 그가 보고하는 모든 거래 내역을 믿었다. 문제의 심각성은 경영층이 그의 거래가 상당한 투기적 거래임에도 불구하고, 싱가포르 외환시장과 일본 오사카 거래소시장 사이의 가격 불일치에 근거한 무위험 차익거래에 치중하고 있다고 믿었다는 데 있다. 즉 거의 리스크가 없는 거래만 수행하고 있다고 믿은 것이다.

하지만 실제로 리슨은 다양한 형태의 투기적 거래를 제멋대로 진행하고 있었다. 예를 들어, 시장에 큰 변동이 없을 것으로 판단하고 시장이 안정적인 경우에 수익을 얻을 수 있는 '숏 스트래들 Short Straddle' 전략을 아무런 헤징 방법도 만들어놓지 않고 거래했다. 스트래들 전략이란 같은 기초자산에 대해 풋옵션과 콜옵션을 매매하는 것을 말한다. 롱 스트래들은 풋옵션과 콜옵션을 매수함으로써 변동의 방향은 모르지만 시장이 위아래로 심하게 변동될 것이 예상될 때 사용하는 전략이고, 숏 스트래들은 시장이 안정적일 것이라고 예상하는 상황에서 콜옵션과 풋옵션을 매도함으로써 옵션 프리미엄 수익을 얻는 전략이다.[5] 숏 스트래들 전략을 구사할 때는 항상 시장이 급변동할 것을 염두에 두고 이에 걸맞은 리스크 관리 절차를 반드시 마련해야 한다.

어쨌든 리슨은 향후 시장 상황이 상당히 안정적일 것으로 예상하고 숏 스트래들 전략을 구사했다. 즉 닛케이 지수를 기초자산으로 풋옵션과 콜옵션을 동시에 매도하는 전략을 취한 것이다.

---

5 롱(long)은 매입, 숏(short)은 매도한다는 의미다. 그리고 스트래들(straddle)은 '다리를 벌리고 앉다'라는 뜻인데, 그래프의 수익 패턴이 꼭 다리를 벌리고 앉아 있는 모습처럼 생겼기 때문에 붙여진 이름이라고 생각하면 이해하기 쉽다.

리슨이 선택한 숏 스트래들 전략
의 수익 패턴은 다음 그림과 같다.
콜옵션을 매도해 주가가 행사가격
이하에서 움직일 때는 수익을 얻
고 행사가격 이상이 되면 점진적
으로 손실이 확대되게 하며, 반대
로 움직이는 풋옵션을 매도해 서

로 이익과 손실을 상쇄시킴으로써 주가가 일정 범위 안에 들어올 때는 수익을 얻게
되는 방식이다.

숏 스트래들 전략은 직관적으로 상당히 위험한 전략임을 알 수
있다. 만일 닛케이 지수가 만기에 행사가격 부근에 다다르면, 즉 시
장이 안정적이라면 옵션 매도 프리미엄만큼의 수익을 얻을 수 있지
만, 지수 변동이 심하면 심할수록 손실은 무한대로 커질 수 있다.

1995년 1월, 일본 닛케이 지수의 변동성은 약 10% 수준으로 상
당히 낮았다. 지수는 약 19,000 수준에서 미세한 등락을 거듭하고
있었다. 리슨은 이러한 낮은 변동성이 계속 이어질 것으로 기대했
다. 불행히도 1995년 1월 17일 고베 지진이 발생하면서 닛케이 지
수는 2,000 포인트가 빠진 17,000을 기록하게 된다. 설상가상으로
리슨이 매도한 옵션들은 시장의 변동성이 증가하면서 더욱더 비
싼 값에 거래됐다. 결과적으로 리슨은 아주 싼 값에 옵션을 매도한
꼴이 되고, 손실이 커지면서 이를 만회하기 위해 필사적으로 거래
횟수를 늘리기 시작한다. 하지만 이미 그는 이성을 잃은 상태였고
그의 지속적인 거래는 손실을 더욱 부추길 뿐이었다.

리슨이 저지른 또 하나의 실수는 닛케이 선물시장에서의 채권

포지션 문제였다. 리슨은 77억 달러의 닛케이 선물을 매수하고, 160억 달러의 일본 국채선물을 매도했다. 이 거래는 상당한 위험을 내포하고 있음에도 불구하고 리스크가 없는 거래인 것처럼 포장되었다.

일본 닛케이 주식 지수와 채권가격은 역의 관계를 갖고 있다. 즉 주식가격의 상승은 채권가격의 하락을 가져오고 그 역도 성립한다. 채권가격과 주식가격이 서로 음(-)의 상관관계를 가지고 있으므로, 주식가격에 기초한 닛케이 선물을 매수할 경우, 이것을 헤지하기 위해서는 일본 국채선물을 매수해야 하는 상황이었다. 하지만 리슨은 일본 국채선물을 매도함으로써 엄청난 위험을 초래할 수 있는 투기적 거래를 감행한 것이다. 리슨의 거래 전략에 따른 총 VAR[6]은 8억 3,500만 달러에 달했다. 대부분의 VAR이 닛케이 선물 거래 포지션에 기인했고(82.4%), 나머지는 일본 국채선물 포지션에 기인했다.

리슨의 비도덕성도 곱씹어봐야 할 문제였다. 그는 88888이라는 에러 계정을 따로 개설해 거래 손실과 이익을 비밀리에 관리했다(8이 중국에서 행운의 숫자로 인식되기 때문에 8을 사용한 계정을 만든 것이 아닌가 추정된다). 처음에는 약 2만 파운드의 거래 손실을 숨기기 위해 이 계정을 만들었지만, 손실이 눈덩이처럼 불어나면서 이 에러 계정은 그의 거래 사실을 숨기는 요긴한 은신처 역할을 하게 된다.

시장의 변동성이 커지면서 손실이 불어나기 시작한 리슨은 이

---

6 Value At Risk. 정해진 신뢰수준하에서 나타날 수 있는 최대 손실. 자세한 내용은 8장에서 다룬다.

계정을 은밀히 이용함으로써 내부 감시자들을 따돌리는 데는 성공했으나, 닛케이 인덱스 급락에 따른 실질 손실은 이미 그의 은닉 행위로 커버하기에는 너무 큰 손실이 되어버렸다. 결국 1995년 3월, 233년 역사를 지닌 베어링 은행은 ING 은행에 1파운드에 팔리고 만다.

자세한 사건 일지는 다음과 같다.

- 1993년: 니콜라스 리슨, 베어링 은행 싱가포르 지사의 선물 거래 총괄 매니저로 싱가포르 국제 외환시장 거래 활동을 맡게 됨.

- 1994년 1월: 시장이 안정될 것으로 판단한 리슨은 숏 스트래들 전략을 구사함. 모든 수익 및 손실은 비밀리에 만든 계정(88888)에 기록함.

- 1994년 7월~8월: 베어링 은행 감사 담당인 제임스 베이커가 2주에 걸쳐 싱가포르 지사에서 낸 막대한 수익에 대해 내역을 조사함. 베이커는 내부 통제 기능의 허점을 지적하고 리슨이 더 이상 백오피스 업무를 해서는 안 된다고 조언함. 이에 대한 조치로 홍콩의 재무담당 매니저가 파트타임으로 싱가포르 지사의 백오피스 업무를 담당하게 됨.

- 1994년 12월: 베어링 은행 내부 조사로, 리슨이 약 77억 엔의 누적 손실을 기록한 것을 알아냄.

- 1995년 1월 중순: 일본 고베 지진으로 닛케이 225 지수가

1,000 포인트 하락하고, 리슨은 시장이 곧 회복될 것으로 판단해 1995년 3월물과 6월물 닛케이 선물 매수에 나섬.

- 1995년 1월 말: 베어링 은행 런던 본사의 선물거래 팀이 리슨의 거래 내역을 이상히 여겨 거래 전략을 설명할 것을 싱가포르 지사에 명령함.

- 1995년 2월: 리슨의 에러 계정에 3월 만기가 돌아오는 55,399개와 6월 만기인 5,640개의 닛케이 관련 계약이 들어있음이 발각됨. 이 거래 계약에 의한 총 손실은 590억 엔에 달함.

- 1995년 2월 24일: 베어링 은행은 이사회 소집해 리슨의 에러 계정(88888) 조사 결과에 대해 논의함.

- 1995년 3월: 베어링 은행은 네덜란드 ING 은행에 1파운드에 매각됨.

베어링 은행 파산은 파생상품 자체의 문제라기보다는 조직 관리 차원의 문제로 평가된다. 내부 감사에 의해 내부 관리 기능 강화가 제안되었음에도 불구하고, 리슨의 거래 및 백오피스 통제 권한이 거의 줄어들지 않을 정도로 내부 조직 운영 프로세스가 느슨했다는 점이 우선 지적된다.

또한 당시 경영층은 리슨이 보고한 무위험 고수익 전략이 터무니없다는 것을 판단할 수 있을 정도의 파생상품 지식을 갖추지 못한 비전문가들이었다. 무위험 차익거래는 원칙적으로 낮은 위험^{Low risk}, 낮은 수익^{Low return}을 추구하는 전략이지만, 리슨의 고수익에 대해 경영층은 그의 능력이 대단한 줄로 착각하는 수준에 머물러 있었다.

모건스탠리에서 일하던 리슨은 1989년 베어링 은행으로 자리를 옮겼고, 1992년 싱가포르 지사로 부임하기 전 트레이딩에 대한 자격요건이 충족되지 않았음에도 불구하고 높은 포지션으로 임용되었다는 것은 인사 차원의 이슈라고 할 수 있다. 사실 리슨은 사기로 인해 영국에서 브로커 자격증 발급이 거절된 상태였음에도 베어링 은행 입사 시 이를 숨겼고, 베어링 은행도 경력 조회 의무에 소홀했다. 감투가 너무 작으면 머리에 맞지 않고 너무 크면 눈을 가린다는 말이 있다. 리슨의 경우는 감투가 너무 커서 눈을 가린 경우다.

리슨이 손실을 숨길 수 있었던 것은 보고 라인이 명확하지 않았던 조직 체계에 기인한다. 베어링 은행의 조직 체계는 매트릭스 형태였는데, 리슨은 두 개의 조직(런던 및 동경) 상사에게 자신의 거래 내역을 보고하게 되어 있었다. 결국 어느 누구도 책임 있는 통제를 할 수 없었던 것이다.

베어링 은행 파산 이후 리슨의 인생 자체는 마치 한 편의 드라마와 같다. 베어링 은행 파산이 드러나자 리슨은 미안하다는 글만 남기고 2월 23일 싱가포르를 빠져나온다. 말레이시아, 태국을 거쳐 독일로 간 그는 결국 프랑크푸르트에서 체포되어 1995년 11월 싱가포르로 소환된다. 그의 아내 리사는 영국으로 귀국하는 것이 허용되었다. 같은 해 12월 리슨은 싱가포르 법정에서 6년 6개월

형을 선고받고, 창이^{Changi} 교도소에 수감되었다. 리사는 정기적으로 그를 면회하기 위해 항공사 승무원이 되었고, '고난' 속에서도 그들의 사랑은 지속되었다. 그러나 그 둘의 사랑은 그다지 오래가지는 못했다. 리슨이 과거 많은 매춘부들과 관계를 가졌다는 사실이 폭로되면서, 리사는 더 이상 참지 못하고 이혼을 신청했다. 설상가상으로 몇 달 후 리슨은 대장암 선고를 받았다. 몸은 뼈만 앙상하게 남았고 머리털은 항암제 투여로 다 빠져버렸다. 1999년 출소해 영국에 갔을 때, 과거 그가 누렸던 상류층 생활은 완전히 사라진 상태였다. 무주택 신세로 전락했고 당연히 실업자였다. 시간이 흐르면서 그에 대한 세상의 분노는 호기심과 동정으로 바뀌어 갔다.

한편 수감 중이던 1996년에는 『사기꾼 트레이더^{Rogue Trader}』라는 책을 출간해, 「뉴욕타임스」로부터 '지루하지만 은행 관리자와 회계감사들은 반드시 읽어야 할 책'이라는 평가를 받았다. 이 책은 1999년에 이완 맥그리거와 안나 프리엘이 주연한 동명의 영화로 만들어졌고, 우리나라에서도 '갬블^{Gamble}'이라는 제목으로 상영되었다.

이후 리슨은 생존이 어려울 것으로 보였던 대장암으로부터 완치되었고, 현재 두 번째 아내와 함께 아일랜드에서 세 아이를 낳고 살고 있다. 2006년에는 아일랜드 갈웨이 유나이티드 풋볼클럽 CEO로 임명되어 2011년까지 활동하기도 했다. 지금은 전 세계를 돌아다니며 컨퍼런스와 만찬 미팅에서 자신의 경험을 통한 교훈을 공유하면서 금융계에서 가장 많이 찾는 연사 중의 한 명이 되었다.

블랙 먼데이와 파생상품

1987년 10월 19일 월요일, 홍콩에서 시작된 검은 구름이 도미노처럼 시장을 붕괴시키며 서쪽으로 유럽을 거쳐 미국까지 밀려왔다. 다우존스 지수가 508 포인트 빠지면서 22.61% 하락했다. 시차가 있는 호주와 뉴질랜드에서는 검은 구름이 화요일에 덮쳤다.

10월 말 기준으로 발원지인 홍콩과 호주에서 40% 이상 주가가 하락했고, 스페인, 영국, 미국, 캐나다 등에서 20% 이상의 시가 총액이 허공으로 사라졌다. 미국으로서는 1914년 12월 12일 24%의 주가 하락 이후 최대의 하락폭을 보인 날이었다. 시장은 소용돌이쳤고, 패닉에 빠진 투자자들이 내놓은 팔자 주문으로 거래 시스템은 마비되었다. 미 연방준비제도이사회는 시장을 안정시키기 위해 유동성 공급 조치를 발표하며 급한 불을 껐다. 블랙 먼데이는 주가 폭락이라는 측면뿐만 아니라 외부 충격에 금융시장 기능이 마비되었다는 점에서 금융시스템의 안정성에 의문을 제기한 세기의 사건이었다.

블랙 먼데이를 야기시킨 주범으로 시장 심리, 유동성과 함께 무위험 차익거래와 포트폴리오 보험이라는 파생상품 거래가 항상 거론된다. 무위험 차익거래란 주가지수와 주가지수 선물 간의 가격 불일치가 발생하면, 즉시 프로그램 매매를 성사시켜 이득을 취하는 방식이다. 1976년부터 뉴욕증권거래소에서는 DOT^{Designated} ^{Order Turnaround} 시스템을 통해 대용량의 매도·매수 주문을 컴퓨터를 통해 처리하고 있었는데, 이것이 무위험 차익거래를 더욱 빈번하게 부추기는 데 기여했다.

전 주부터 시장 분위기가 침체되면서 하락하기 시작한 뉴욕 증시는 월요일인 19일 아침 개장하자 마자 팔자 주문이 사자 주문을 압도하면서 심각한 불균형 상태로 시작했다. 이런 상황에서 많은 전문 트레이더들은 개장 후 한 시간 동안 거래를 개시하지 않았다. 미국 증권거래소 보고서에 따르면, 월요일 오전 10시 현재 전체 S&P 지수의 30%를 차지하는 95개의 메이저 종목 거래가 개시되지 않았고, 다우존스의 경우도 11개의 메이저 종목 거래가 늦어졌다고 한다. 주가지수는 가장 최근에 성사된 가격을 기준으로 계산되는데, 이렇게 거래되지 않은 주식이 많다 보니 주가지수가 실제 상황보다 덜 빠진 상태가 되었다.

반면 선물시장은 정시에 개장되어 시장 분위기를 반영하면서 팔자 주문 폭주가 시작되었다. 무위험 차익거래 딜러들에게는 기회처럼 보였다. 주식은 가격이 안 빠지고 선물가격은 하락했으니, 얼른 주식을 팔고 차익을 챙기는 프로그램 매매를 단행했다. 그런데 막상 뚜껑을 열고 보니 트레이더들은 자신들이 필요 이상으로 낮은 가격에 주식을 팔아 치운 것을 깨닫게 되고, 서둘러 선물시장을 통해 되사는 노력을 하게 된다. 물론 처음에는 이런 매수 행위가 가격을 끌어올리는 역할을 했지만 전문 트레이더들조차 우왕좌왕하는 모습으로 시장에 비춰지는가 하면, 어떤 투자자들에게는 '작전'으로 오인되기도 하면서 투자자들을 심리적 공황으로 몰아넣었다.

주식시장이 뚜렷하게 선물시장보다 낮은 가격에 개장되면서, 이제는 포트폴리오 보험 트레이더들이 매도 주문을 내기 시작했다. 하지만 이 보험상품은 시장이 급변할 때 제대로 작동하지 않았다. 다우존스 지수가 500 포인트 이상 급락하는 상황에서 인덱스 선물과 주식으로 포트폴리오 보험을 구성한 트레이더들은 주식과 인덱스 선물을 팔고 싶어도 팔 수 없는 상황에 직면해 (주가가 급락하는 상황에서 아무도 매수하려 들지 않았기 때문에) 엄청난 손실을 보게 된다.

사실 포트폴리오 보험은 주가 상승 시에 일정한 수익률을 보장받으면서 하락 시에 일정 금액(원금+α)을 보장받을 수 있도록 주식과 채권을 합성해 옵션거래 효과를 내는 거래 전략으로, 정상적인 금융시스템이 작동되는 경우에는 안정적인 수익률을 창출하는 도구다. 10장에서 다룰 이항옵션모델에서 주식과 채권을 합성해 옵션을 만드는 것과 동일한 접근 방식이다.

잠깐 포트폴리오 보험의 개념을 살펴보자. 어느 펀드매니저가 보유한 포트폴리오가 S&P500 지수 변화를 반영해 자산가치가 등락한다고 가정하자. 현재의 S&P500 지수를 M_0, T 시점에서의 지수를 M_T라 할 때 포트폴리오 보험을 이용해 거래 전략을 세웠다면, 포트폴리오 자산가치는 아래와 같이 표현된다.

$$W_T = max\left(f, kW_0 \frac{M_T}{M_0} \right)$$

- f는 시장 상황이 아무리 악화되더라도 보장받는 금액$^{floor\ payoff}$
- k는 시장 상황이 좋아졌을 때 수익에 공헌^{Participation}하는 정도
- W_0는 초기의 포트폴리오 가치
- W_T는 T 시점의 포트폴리오 가치

f가 0이고, k가 1이면 단순히 시장에서 주식 투자만을 하고 있는 것과 같다. 포트폴리오 보험은 f를 0보다 큰 어떤 수로 결정하고, k는 0과 1 사이의 임의의 수로 결정함으로써, 미래의 수익률을 어느 정도 추구하면서 최악의 경우에도 어느 정도의 원금은 보장받을 수 있도록 하는 거래 전략이다.

포트폴리오 보험은 주식에 투자하고 일정 금액의 원금을 보장받기 위해 풋옵션을 매수하는 것과 개념적으로 동일하다. 풋옵션을 활용하는 대신에 굳이 복잡하게 주식과 채권을 합성해 포트폴리오 보험을 거래하는 이유는 트레이더가 운영하는 포트폴리오에 딱 맞는 풋옵션이 시장에 없거나 거래비용이 풋옵션보다 싼 경우가 빈번하기 때문이다. 포트폴리오 보험은 이항옵션모형을 개발한 마크 루빈슈타인이 1976년 발표한 상품이다.

개발된 이후 10여 년간 시장에서 효자 노릇을 톡톡히 하던 포트폴리오 보험은 블랙 먼데이의 주범으로 지목되면서 혹독한 비판에 시달린다. 일부 경제학자들은 1987년 블랙 먼데이가 순전히

프로그램 매매 때문에 발생한 해프닝이라는 사실을 이론화하기도 했다. 포트폴리오 보험이 아닌 다른 변수의 영향이었다면 그렇게 빨리 정상화될 수 없었다는 것이 그들의 주장이다.

블랙 먼데이 발생을 프로그램 매매 같은 내부적 요인뿐만 아니라, 거시경제적 원인에서 찾으려는 노력도 많다. 프로그램 매매는 미국 내에서만 통상적으로 행해지던 방식이었는데, 실제 금융시장 폭락이 홍콩에서 시작되어 호주 등 전 세계 시장의 폭락으로 이어진 것을 프로그램 매매만으로는 설명할 수 없다는 주장이다.

일부 전문가들은 G7 선진국 간의 통화정책 분쟁이 주가 폭락을 유발했다고도 하고, 미국과 유럽의 채권시장 붕괴가 주식시장 폭락을 야기한 주범이라고 주장하기도 한다. 이자율과 채권, 주식 간에는 깊은 상관관계가 있기 때문에 타당한 주장이다.

블랙 먼데이의 원인이 무엇이든 포트폴리오 보험 거래가 주가 폭락 상황에서 제대로 작용하지 않아서 시장 상황을 악화시켰음은 물론, 트레이더들이 막대한 손실을 입었다는 것은 자명한 사실이다.

포트폴리오 보험을 이용해서 거래하고자 하는 투자자는 포트폴리오 리밸런싱Rebalancing을 자주 할 필요가 없는 전략을 만들어야 하고, 때로는 현재 주가에서 멀리 떨어진 외가격 풋옵션을 매수함으로써 시장 급락에 대응하는 전략도 동시에 고려해야 할 것이다. 물론 1987년 블랙 먼데이 이후 일부 투자가들이 이런 전략을 구사함으로써, 외가격 풋옵션[7]의 가격이 과대평가되는 경향이 나타나고 있지만 말이다. 이래저래 금융시장은 이론과 심리라는 축이 끊임없이 전투를 벌이는 전장임에 틀림없다.

---

7 기초자산의 가격이 풋옵션의 행사 가격보다 높은 풋옵션

4장

금융공학 핫이슈
블랙숄즈 방정식, 빅데이터, 노벨경제학상

2008년 글로벌 금융위기의 주범이 블랙숄즈 방정식(옵션가격을 계산해내는 방정식, 자세한 내용은 10장 참조)이라는 주장이 여기저기서 제기되었다. 실체도 없는 파생상품이라는 것을 만들어서 금융시스템을 망가뜨리고 글로벌 경제를 슬럼프에 빠뜨린 장본인이라는 것이다.

블랙숄즈냐, 블랙홀이냐

물리학에서나 쓰일 법한 복잡한 편미분방정식으로 포장된 블랙숄즈 방정식을 그들은 블랙홀에 비유한다. 물론 이들도 블랙숄즈 방정식 자체에 논리적 모순이 있다는 점을 지적하지는 않는다. 오히려 방정식 자체의 유용성을 높이 평가하는 태도를 보인다. 실제로 파생상품의 가격을 논리적으로 결정하는 유용한 툴이라는 점과, 제약조건도 명확하다는 점을 인정한다. 파생상품의 만기가 도래하기 전에도 합리적인 가격으로 거래가 이루어진다는 장점도 언급한다. 이들이 지적하는 문제점은 이 방정식이 실제 상황에서 남용되거나 남용될 가능성이 농후하다는 데 있다.

실제로 1973년 블랙숄즈 방정식이 발표된 이후 2007년까지 국제금융시장은 연간 1,000조 달러 규모의 거래가 이루어질 정도로 급성장했고, 이 규모는 지난 100년 동안 전 세계 제조업이 만들어낸 제품가치의 10배에 달하는 수준이었다. 문제는 시장이 성장하면 할수록 점점 모호한 가치와 리스크가 수반되는 복잡한 파생상품이 지속적으로 만들어졌고, 파생상품 자체의 자세한 알고리즘은 콴트quant들에게만 맡겨진 상태에서 의사결정을 맡은 경영자들은 시장 상황의 변화에 파생상품의 가치가 어떻게 반응하는지에 대해 깊은 주의가 필요하다는 사실을 점점 망각하게 되었다는 것이다.

혹자는 블랙숄즈 방정식의 유용성을 인정하면서도, 방정식의 근간이 되는 가정들이 지나치게 단순하다는 점을 지적한다. 주가 같은 기초자산의 움직임을 예측하는 평균과 표준편차가 분석기간 동안 변하지 않는다는 가정, 거래비용이 없다는 점, 언제든지 사고 팔 수 있다는 가정들이 실제 상황과 동떨어진 가정이라는 것이다. 설령 이런 가정들이 유효하다손 치더라도, 1987년 블랙 먼데이나 2008년 글로벌 금융위기 같은 급격한 시장 변동이 일어날 가능성을 극히 미미하게 가정한 것 자체가 큰 오류라고 지적한다. 마치 검은 백조는 돌연변이로서 거의 존재하지 않는다고 알고 있다가 호주의 어느 강에서 무수히 많은 검은 백조가 발견됨으로써 검은 백조는 돌연변이라는 인식이 깨진 것처럼, 시장의 급격한 변동은 극히 미미한 확률로 일어나는 사건이 결코 아니라는 것이다. 그동안 블랙숄즈 방정식을 활용한 성과가 꽤 괜찮았기 때문에 이런 중요한 사실을 간과하고 있었다는 것이다.

블랙숄즈 방정식은 물질은 무한히 쪼갤 수 있고, 시간은 연속적이며, 모든 변수들은 부드럽게 변한다는 수리물리학적 가정에 근거를 둔다. 물론 현실의 금융세계는 그렇지 않다. 금융시장은 때때로 집단적 본능이 지배한다. 지난 세기 동안 발생했던 모든 금융위기는 이런 집단적 본능 또는 충동에 의해 한 방향으로 쏠림으로써 발생했다. 이해하기 어려운 복잡한 파생상품은 위기 상황에서 트레이더들의 혼돈을 가중시키는 역할을 했을 뿐이라고 지적한다.

빅데이터, 금융공학 이론의 종말 선언인가

최근 우리나라를 비롯해 전 세계를 들썩이게 만들고 있는 가장 큰 이슈들 중의 하나가 바로 빅데이터 기술이다. 빅데이터 기술이란 기존의 데이터베이스 관리도구로 수집, 저장, 관리, 분석할 수 있는 수준을 넘어서 대량의 정형 또는 비정형 데이터 집합과 이러한 데이터로부터 가치를 추출하고 결과를 분석하는 기술을 의미한다.

글로벌 데이터 양의 성장세는 가히 놀랄 만하다. 글로벌 클라우드 지표에 의하면, 2016년 이후 매월 발생하는 인터넷 프로토콜 트래픽양은 약 6천억 기가바이트인데, 이 수치는 인류 문명이 시작된 이래 2003년까지 만들어낸 정보량의 110배에 달하는 수준이다. 이러한 상황을 반영하듯, 2012년 세계경제포럼은 떠오르는 10대 기술 중 첫 번째로 빅데이터 기술을 선정했다.

2008년 크리스 앤더슨은 〈이론의 종말〉이란 글에서 빅데이터 분석을 통해 기존의 전문가나 전통적인 가설검증 방식보다 훨씬 유용하고 정확한 결과를 파악할 수 있다고 주장했다. 이제 더 이상 가설을 설정하고 이를 검증하는 이론 따위는 필요 없다는 것이다. 정치, 경제, 사회, 문화, 환경적 관계와 패턴을 기계가 파악해서 알려주도록 하면 그만인 것이다. 구글이나 페이스북 같은 웹 플랫폼에서는 수백만 고객들의 다양한 행동 패턴을 실시간으로 수집해 어떤 색상과 레이아웃, 디자인에 고객들이 좀 더 민감하게 반응하는지 분석할 수 있다. 또한 대형 소매채널에서는 주차장에 주차된 차량들의 포트폴리오로 어떤 상품이 당일 많이 팔릴 것인지 예측할 수 있고, 쇼핑 패턴을 실시간으로 모니터링하고 분석함으로써 즉각적이고 효과적인 마케팅을 펼칠 수도 있다. 시장 세분화, 타깃 고객에 대한 가설 등 전통적인 마케팅 이론은 이제 퇴장해야 할 처지에 놓였다는 것이다.

빅데이터의 등장은 금융계의 정책과 전략까지도 바꿔놓고 있다. 금융시장의 불확실성 증가로 대형 금융기관들은 빅데이터 기반의 새로운 리스크 관리 프레임 구축에 몰두하고 있다. 전통적인 방식의 리스크 모형으로는 그 어느 때보다 복잡한 현재의 금융환경에서 설명 가능한 리스크 지표를 만들어낼 수 없게 되었다. 빅데이터를 활용한 시나리오 분석과 스트레스 테스트는 기본이고, 방대한 데이터로부터 의미 있는 요인을 찾아내는 통계적 방법인 요인분석factor analysis도 활용 빈도가 점점 증가하고 있다. 또한 최근에는 신용등급이나 대출정보를 활용하는 전통적인 심사underwriting 기법 외에 SNS 활동 정보 등의 빅데이터를 활용하는 대체 심사 기법alternative underwriting을 병행해서 사용한다.

이제는 규제도 빅데이터 시대가 된 것이다. 바젤 규제를 예로 들면, Basel I은 30페이지 분량으로 모든 규제가 단순 산술식이었던 반면, Basel III는 총 509페이지에 78개의 미분방정식을 포함하고 있다. 이 모든 규제를 국가별, 분야별로 일관성 있게 관리할 수 있는지 여부가 금융계의 경쟁력 척도가 되었다.

투자 방식도 과거에는 전통적인 벤치마크 지표보다 높은 수익률을 만들어내는 것이 가장 중요한 관리 지표였으나, 빅데이터의 등장으로 고객들은 자신들의 투자철학이나 가이드라인에 맞도록 좀 더 세분화되고 특화된 벤치마크 지표를 요구하고 있다. 금융 빅데이터 분석에 대한 끊임없는 혁신이 요구되고 있는 것이다.

주식시장에서도 빅데이터는 화제다. 워릭대, 런던대, 미국 보스턴대 과학자들은 2004년부터 2011년까지 구글 데이터 분석을 통해 주가 예측이 가능하다는 논문을 발표했다. 주가 등 금융상품 검색 빈도 증감 등 다양한 소비자 행동 패턴에 대한 빅데이터 분석으로 금융위기뿐만 아니라 어떤 상황에서 주식을 매수 또는 매도해야 하는지에 대한 패턴까지 파악 가능하다고 한다.

이제 금융에서 빅데이터는 무시할 수 없는 트렌드가 되었다. 어떤 하나의 이론으로 상황을 설명할 수 있는 시대는 지났다고 볼 수도 있다. 빅데이터를 활용한 투자나 경영이 현실적으로 훨씬 유용한 정보와 인사이트를 제공해주기 때문에, 기존 이론은 무의미하게 될지도 모른다. 그렇다면 크리스 앤더슨의 주장처럼 이제 전통적인 이론은 역사의 뒤안길로 사라져야 하는 존재일까?

빅데이터는 확실히 유용하고, 많은 경우에 이론이나 가설보다 훨씬 강력한 힘을 발휘한다. 그러나 이러한 사실이 기존 이론이 필요 없다는 결론으로 이어지는 것은 지나친 비약이 아닐까 싶다. 언젠가는 우리 모두의 관심을 충족시켜줄 충분한 양의 데이터에 접근할 수 있을 것이라는 기대도 있다. 하지만 아무리 많은 정보가 축적되어도 정보 자체에 비대칭이 존재하고 잘못된 데이터로부터 발생하는 판단 오류의 가능성은 항상 존재하지 않을까?

빅데이터라는 것이 보고 싶은 것만 보게 해주는 역효과를 나타낼 수도 있다. 심리치료사에게 자기가 듣고 싶은 말만 하기를 원하는 것과 같은 이치다. 자기가 바라는 결과를 얻기 위해 비슷한 형태의 자료를 모은다면 정말 그런 것처럼 원하는 종류의 자료만 수집되고 이에 맞는 논리가 만들어지는 것은 결코 어려운 일이 아니다. 자료 분석 측면에서도 무작정 데이터를 수집하고 분석하는 것은 나침반 없이 북극을 찾아나서는 무모한 행동일 수도 있다.

영국의 천체물리학자 아서 에딩턴은 2012년 「뉴욕타임스」 기고에서 "어떠한 실험도 이론으로 확증될 때까지는 믿어서는 안 된다."라고 주장했다. 빅데이터를 옹호하는 크리스 앤더슨과는 정반대되는 주장이다. 에딩턴은 데이터에 근거한 귀납적 주장은 실제를 왜곡할 수 있고, 발견하고 싶은 것만을 선택할 수 있는 위험이 있다고 지적한다.

이래저래 이제는 가설을 설정하고 검증해나가는 연역적 방식의 전통적인 이론들과 빅데이터라는 큰 바다에서 의미 있는 뭔가를 일관성 있게 찾아내고자 하는 귀납적 접근 간에 선의의 경쟁이 당분간 계속될 것 같다. 따라서 빅데이터의 등장은 금융공학을 종말에 이르게 하는 것이 아니라, 오히려 금융공학 이론을 한층 더 발전시킬 것으로 기대된다.

2013년 노벨경제학상과 금융공학

글로벌 금융위기 후 블랙숄즈 방정식이 블랙홀 방정식이라는 혹평을 받고 빅데이터라는 새로운 패러다임이 등장해 금융공학의 향후 전망에 대한 공방이 치열하게 전개되는 동안, 2013년 노벨경제학상 수상자로서 시카고대 유진 파마 교수, 라스 피터 핸슨 교수, 예일대 로버트 쉴러 교수 등 3명의 석학이 선정되었다. 1997년 로버트 머튼과 마이런 숄즈가 옵션가격 결정모형으로 노벨상을 수상한 지 16년 만에 금융공학자들에게 노벨상이 돌아갔다. 그것도 글로벌 경제 위기에 대해 완전히 상반된 견해를 보이는 3명의 학자에게 말이다.

「파이낸셜 타임스」에서는 이 발표에 대해 천동설을 주장한 프톨레마이오스와 지동설을 주장한 코페르니쿠스가 동시에 수상한 격으로 비유하면서, 경제학이 왜 하나의 답만 존재하지 않는 '사회과학'인지를 보여줬다고 평가했다.

이탈리아계 출신으로 보스턴에서 태어난 유진 파마 교수는 효율적 시장가설의 창시자로서 '현대 재무이론의 아버지'라 불린다. 파마 교수에 의하면, 주식시장을 둘러싼 모든 정보는 곧바로 노출되며 투자자들은 이를 다 고려해서 움직이기 때문에 시장의 모든 정보는 즉각 가격에 반영된다. 그의 가설에 따르면 효율적 시장에서는 단기적으로 주가를 예측하는 것이 불가능하며, 어떤 경우에서도 시장 평균 이상의 수익을 내는 것이 불가능하다. 자산운용에 필요한 지수를 개발하고 종목별 비중에 따라 여러 곳에 분산 투자함으로써 시장의 평균수익을 실현하는 것을 목표로 하는 인덱스 펀드index fund도 이러한 파마의 이론을 논리적 기초로 한다.

반면 리투아니아계로서 디트로이트에서 태어난 로버트 쉴러 교수는 경제학에 심리학을 접목한 행동경제학의 대가로 꼽힌다. 그는 사람들이 시장의 수급을 감안해 합리적으로 행동하며 이에 따라 시장이 균형을 찾아간다는 '효율적 시장가설'의 대척점에 서서 주식이나 부동산 등의 자산가격은 정치, 사회, 심리 등 다양한 비이성적 요인에 영향을 받으며, 인간의 비합리적인 판단과 행동이 시장의 왜곡을 초래한다는 명제를 제시했다. 2000년 3월에는 『비이성적 과열』(알에이치코리아, 2014)을 출간해 주식시장의 거품을 지적했고, 2009년에는 인간의 비이성적 심리가 경제에 미치는 영향을 다룬 『야성적 충동』(랜덤하우스코리아, 2009)을 출간했다.

라스 피터 핸슨 교수는 통계학에서 광범위하게 활용되는 일반 적률법의 창시자로서 시장의 불확실성^{uncertainty}과 리스크^{risk}를 구분하고, 시장의 효율성으로 인해 단기 예측은 불가능하지만 거시적·장기적 차원에선 주식가격이 펀더멘털 가치를 웃돌거나 밑돌 것이라는 예측이 가능하다는 쉴러의 주장을 통계학적으로 증명해냈다. 쉴러와 핸슨 교수의 주장은 2008년 금융위기 이후 더 큰 설득력을 갖게 되었다. 왜냐하면 파마의 이론으로는 설명할 수 없는 엄청난 버블이 생성되고 붕괴됐기 때문이다.

글로벌 경제에 버블이 있는지 여부에 대해서도 이들은 각각 서로 상반된 견해를 강하게 주장한다. 파마 교수는 "시장에 거품은 존재하지 않는다."고 믿는다. 로버트 쉴러 교수가 말한 "과열 등 투자자들의 비합리적인 행동이 버블을 초래한다."는 주장은 증거가 없다고 반박한다. 파마는 "자신이 정의하는 거품은 가격 상승 후 하락을 예측할 수 있는 상황을 말하지만, 하락을 예측할 수 있는 증거는 통계학적으로 존재하지 않는다."고 설명한다. 다만 "시장을 요동치게 하는 것은 펀더멘털"이라고 강조한다. "주식의 펀더멘털은 예상 배당률 실적, 투자동향, 그리고 위험에 대한 투자자들의 태도"라는 것이다.

반면 핸슨 교수는 파마와 쉴러의 '시장 효율성'에 대한 상반된 주장이 "낮은 수준의 논쟁"이라며 꼬집는다. 그는 "완전히 합리적인 투자자를 가정한 것(파마)은 실수고, 그것이 실수라고 지적하는 것(쉴러)은 무의미하다."며 "논점은 시장이 완전히 효율적으로 되는데 무엇이 얼마나 가로막고 있는가 하는 것"이라고 강조했다.

2013년 노벨경제학상 수상자의 면모를 보면, 경제학이 금융공학에 거는 기대와 함께 금융공학의 미래가 어떻게 발전할 것인지가 보인다. 효율적 시장가설하에 인간의 심리적 행동이 경제에 미치는 영향 등을 이론적으로 검증하고자 하는 다양한 시도가 이어질 것이다. 새로운 가설과 이를 검증하려는 시도도 활발하게 진행될 것이다. 블랙숄즈가 풀지 못한 이슈들은 다양한 관점과 입장에서 이후 세대의 금융공학자들이 풀어야 할 과제로 남겨져 있다.

블랙숄즈 방정식에 대한 비판, 빅데이터의 등장, 효율적 시장 가설에 대한 행동경제학의 문제 제기 등은 금융공학에 새로운 도전과 함께 미래에 나아가야 할 방향을 제시했다. 앞으로 금융공학은 생존하고 성장하며 시대에 따라 진화할 것이다. 2008년 글로벌 금융위기 이전과 달라진 점이 있다면, 금융공학이 파생상품을 개발하는 퀀트들의 영역에서 벗어나 더 넓은 세계로 확대되고 있다는 점이다. 이를 반영이라도 하듯, 글로벌 금융위기 이후 금융공학을 전공으로 선택하는 이들이 많아지고 있으며 금융공학 전공자에 대한 기업들의 수요도 점점 더 증가하고 있다.

제1부에서는 금융공학의 필요성과 금융공학에 관한 기초적인 내용을 직관적인 설명을 통해 살펴본 후, 금융공학과 관련된 역사적 사건 및 글로벌 핫이슈와 같은 흥미로운 주제에 대해 이야기했다. 제1부의 내용을 별 어려움 없이 이해했다면, 금융공학의 주요 내용은 이제 거의 다 알고 있다고 해도 과언이 아니다. 어디 가서 금융공학 얘기가 나올 경우, 이제까지의 내용을 요약해서 얘기만 해도 금융공학에 관해 어느 정도의 전문 지식이 있다는 말을 들을 수 있을 것이다. 하지만 기초 수준을 넘어서 금융공학의 기본기를 좀 더 다지고 싶다면 제2부로 넘어가야 한다. 내용이 어려울 것이라는 걱정은 할 필요가 전혀 없다. 제1부의 내용을 이해한 실력이라면 제2부의 내용도 충분히 이해할 수 있기 때문이다. 그럼 이제 본격적으로 금융공학에 대해 알아보자.

제2부

금융공학 기본기 다지기

5장

쌀 거래에서 시작되다
선물과 옵션

임진왜란 후 도요토미 히데요시 정권이 붕괴되면서 시작된 에도 시대의 경제는 전례를 찾아볼 수 없을 정도로 성장세를 구가하게 된다. 당시 일본은 사무라이라는 엘리트 계층이 장악하고 있던 시대였는데, 당시만 해도 이들은 주화 대신 쌀을 봉급으로 받고 있었다.

임진왜란 후의 일본

이때 오사카 지역을 중심으로 한 쌀 중개상들은 사무라이들이 처치 곤란한 쌀을 동전을 이용해 거래할 수 있게 하고, 심지어는 지폐를 만들어내기까지 함으로써 일본 시장경제의 주도권을 장악해

나간다. 이러한 시장경제를 기반으로, 일본에서는 임진왜란이 끝난 지 거의 100년이 흐른 1697년, 일본 쌀 중개상의 중심지인 오사카에 도지마 쌀 교환소堂島米市場가 설립됨으로써, 세계 최초로 근대적 개념의 선물 및 옵션거래가 시작됐다. 피셔 블랙과 마이런 숄즈가 옵션가격 결정 방정식을 발표하기 무려 275년 전의 일이다.

선물거래란 미래 특정 시점의 자산을 지금 사고 파는 계약 행위를 말하고, 옵션은 미래 특정 시점에 옵션 구매자가 필요하다고 생각할 때 자산을 사거나 팔 수 있는 권리를 의미한다. 선물거래와 옵션거래의 차이는 선물은 어찌되었건 미래 특정 시점에 자산을 사고 팔아야 하는 계약(의무)인 반면, 옵션은 옵션 구매자가 필요하다고 생각하지 않으면 거래하지 않아도 되는 계약(선택)이라는 것이다.

역사적으로 옵션거래는 장사꾼들에게는 참으로 유용한 거래 방식이었다. 1600년대 말에 일본에서 큰 식당을 운영하고 있는 상인을 상상해보자. 음식의 주원료가 쌀과 쇠고기라고 하면 내년에 얼마나 많은 양의 쌀과 쇠고기가 필요할지, 혹시나 가뭄으로 흉년이 들어서 쌀 가격이 폭등하는 것은 아닐지, 또는 갑작스런 소의 집단 폐사로 인해 쇠고기 공급이 급감하는 것은 아닐지에 대해 염려하지 않을 수 없다. 일본의 상인들은 이런 미래 상황에 대해 미리 합리적인 가격을 정해서 미래 특정 시점에 거래하는 선물거래와 함께, 선물거래를 할 수도 있고 안 할 수도 있는 옵션거래를 시작했던 것이다.

선도거래

선도^{Forwards}란 미래의 특정한 시점에, 특정한 가격으로, 특정한 물건(기초자산)을 서로 매매하겠다고 약속하는 두 당사자 간의 계약을 의미한다. 만약 1697년 일본 도지마 쌀 거래소에서 두 명의 상인이 1년 후인 1698년 가을에 쌀과 약속한 대금을 교환하기로 계약했다면 이 두 상인은 서로 선도거래를 한 셈이 된다.

선도거래는 장외시장에서 주로 기관과 고객 사이에 거래되는 계약으로서 주로 기업체들이 외환 리스크를 관리(헤지)할 때 이용한다. 예를 들어, 어떤 국내회사가 100만 달러의 상품을 수출하고 대금을 3개월 후에 달러화로 받아야 하며 그 돈으로 3개월 후에 은행 대출금 10억 원을 갚아야 한다고 가정하자. 현재 원/달러 환율이 1,000원이라 할 때, 이 회사는 현재 환율대로라면 10억 원(100만 달러×1,000원)을 수입업체로부터 받아 은행 대출금을 상환할 수 있을 것이다. 하지만 환율이 현재 상태 그대로 3개월 후까지 지속될지는 아무도 모른다.

만일 원/달러 환율이 900원으로 하락하면 상품대금으로는 10억 원 대신 9억 원(100만 달러×900원)밖에 받지 못하게 된다. 즉 이 회사는 상품을 팔아놓고 대출금도 못 갚는 신세가 되어버릴 수 있다. 이럴 때 이 회사는 선도거래를 주관하는 금융기관과 외환 선도거래를 맺음으로써 외환 리스크를 헤지할 수 있게 되는 것이다. 3개월 후에 받을 100만 달러를 현재 환율 기준인 1,000원에 매도하기로 계약한다면, 환율 변동에 관계없이 안정적으로 10억 원의 상품

대금을 받을 수 있게 되기 때문이다.

물론 역으로 선도거래를 하지 않고 가만히 둔 상태에서 원화가
치가 1,100원으로 하락하면 선도거래를 하지 않는 것보다 이익을
볼 수도 있다. 그럼에도 불구하고 선도거래를 하는 것은 환차익으
로 돈을 버는 것이 목적이 아니라, 외환 리스크를 헤지해 회사가 사
업을 안정적으로 영위하는 것이 일차적인 목적이기 때문이다.

선도거래 가치는 어떻게 계산될까

선도계약은 미래의 불확실한 상황에 따라 그 손익이 달라지더라
도 계약 당시에는 어떤 당사자에게도 이익이나 손실을 줘서는 안
된다. 즉 어떤 당사자도 무위험 차익을 챙길 수 있어서는 안 되게
가격이 정해져야 한다. 무위험 차익거래arbitrage란 미래의 가격이 현
재의 자산을 은행에 예금해두고 얻을 수 있는 시장의 이자율보다
높거나 낮게 형성되는 것을 이용해 이익을 실현하는 거래다. 만일
시장의 이자율보다 높거나 낮게 미래의 가격이 형성된다면 아무
런 위험도 없이 은행의 이자율과 선도가격 간의 차이를 이용해서
누군가 차익을 챙길 수 있게 된다. 이런 상황은 수많은 시장 참여
자들에 의해 항상 주시되고 있기 때문에 발생하지 않을 것으로 가
정하는 것이다.

그럼에도 불구하고, 시장에는 무수히 많은 무위험 차익거래를
노리는 트레이더들이 있다(저자 중 한 명도 한국에서 거래되는 옵션가

격과 나중에 다루게 될 블랙숄즈 방정식으로 풀어낸 이론적 옵션가격 간의 차이가 일정 편차 이상 커질 경우 자동으로 거래를 만들어주는 일종의 시스템 트레이딩을 개발해 투자한 적이 있고, 미국에서 MBA 재학 당시 시카고 선물거래소에서 거래되는 일본 엔화 선물과 엔화 선물 옵션 간의 실거래 가격이 이론가와 일정 수준 이상 차이를 보일 때 즉시 사고 팔 수 있는 프로그램을 개발해 상당한 수익을 창출한 경험이 있다). 이러한 무위험 차익거래를 하이에나처럼 찾아 다니는 트레이더들의 목적이 무엇이든 간에, 이들의 노력이 결국에는 금융시장에서 거래되는 무수한 파생상품 가격을 공정가격으로 수렴하게 하는 순기능도 한다는 점은 부인할 수 없다.

다시 본론으로 돌아가서 정리하면, 무위험 차익거래가 발생하지 않기 위해서는 선도가격은 결국 그냥 은행에 넣어놓고 이자만 받는 것과 같아야 된다.

선물거래

선물거래도 선도거래와 마찬가지로 미래의 특정 시점에서 특정 기초자산을 사고 파는 거래 계약이지만, 다음과 같이 세 가지 측면에서 선도거래와 구별된다.

1) 선물은 거래소시장에서 거래된다.

선도거래는 장외시장에서 당사자 간에 거래가 이루어지는 반면, 선물거래는 거래소시장에서 다자 간에 거래가 된다. 우리가 선물시장이라는 말에는 익숙하지만, 선도시장이란 말에는 생소한 이유가 여기에 있다.

2) 선물은 표준화된 계약단위와 만기가 있다.

우리나라 주식 선물시장의 경우 1계약의 크기는 50만 원이고, 만기일은 3월, 6월, 9월, 12월의 두 번째 목요일이다. 반면 선도계약은 계약 당사자들의 필요에 따라 만기일을 자유자재로 조정할 수 있다.

3) 선물은 매일 '일일 정산'을 해야 한다. 즉 매일 증거금을 초과하는 이익은 받고, 손실은 지불해야 한다. 반면 선도거래는 만기에 한번 정산한다. 따라서 선도거래는 선물거래와 달리 계약 불이행 위험이 존재한다.

이러한 이유 때문에 선물거래는 선도거래와 달리 유동성이 풍부하고, 매일 손실 또는 이익만큼을 정산하므로 채무 불이행 위험이 없으며, 거래비용이 대체로 낮다는 장점이 있다. 반면 선도거래는 표준화된 선물거래와 달리, 어떠한 자산에 대해서도 계약을 취할 수 있고, 고객의 고유한 니즈에 부합하는 상품을 제공할 수 있다는 측면에서 장점을 가진다고 할 수 있다.

또한 선도거래는 만기가 도래할 때까지 손익이 실현되지 않는 단순한 계약 관계인데 반해, 선물거래는 날마다 손익을 실현해야 하기 때문에(일일정산) 매일매일 재투자가 가능하고, 손실분에 대해서는 대출을 받아야 하는 상태가 발생하기도 한다. 따라서 언뜻 보기에는 선물가격이 선도가격과 서로 달라야 할 것처럼 보인다. 하지만 이자율이 만기까지 일정하다는 가정하에서 선물가격은 선도가격과 같다는 사실을 1981년에 콕스^{Cox}, 잉거솔^{Ingersoll}, 로스^{Ross}가 밝혀냈다. 상식적으로도 이자율이 일정하면 중간에 이자율 변동에 따라 재투자해서 차익을 챙길 기회가 없어지니 선물가격이 선도가격과 같을 수밖에 없을 것이다. 반대로 이자율이 일정하지 않다면 선물가격의 가치는 매일매일의 이익을 재투자할 수 있는 여유가 있기 때문에 선도가격보다 높게 형성된다.

옵션거래

옵션이란 무엇인가를 선택할 수 있는 권리를 말하며, 선택을 하지 않아도 아무런 제재 조치가 없는 '권리가 주어진 파생상품'을 의미한다. 앞에서 살펴본 선물은 쌍방이 계약을 체결하면 반드시 만기일에 그 계약을 이행해야 할 의무가 있지만, 옵션은 계약을 이행하거나 이행하지 않을 수 있는 옵션, 즉 선택권이 있다.

옵션에는 두 가지 종류가 있다. 살 수 있는 권리를 나타내는 옵션을 콜옵션$^{Call Option}$이라 하고, 팔 수 있는 권리를 말하는 옵션을 풋옵션$^{Put Option}$이라 부른다.

옵션을 거래하는 이유

옵션을 거래하는 이유는 대박을 노리거나 적절한 리스크 관리를 통해 안정적인 수익을 창출(리스크 헤지)하기 위함이다. 예를 들어 A 회사의 주가가 현재 10만 원이고 11만 원에 그 주식을 살 수 있는 1개월 만기 콜옵션이 5,000원이라면, 100만 원을 가진 투자자가 투자할 수 있는 방법은 다음 두 가지가 있다. 단, 거래비용 및 1개월 이내에 있을지도 모르는 배당은 무시하기로 한다.

첫번째 투자 방법은 현재 10만원인 A회사의 주식 10주를 사는 것이다. 한 달 후 주가가 15만 원이 되면 투자자는 50%의 수익을 얻게 된다. 반면 한 달 후 주가가 5만 원으로 떨어지면 50% 손실을 입게 된다.

두번째 투자 방법은 5,000원짜리 콜옵션 200개를 사는 것이다. (200개×5,000원=100만 원, 문제를 단순화하기 위해 옵션 1계약 사이즈를 주식 1개로 가정) 한 달 후 주가가 15만 원으로 오르면, 1주당 4만 원의 차익이 생기므로 800만 원의 이득이 생긴다. 즉 수익률은 (800만 원-100만 원)/100만 원=700%가 된다. 반면 주가가 10만 9,000원이 되면, 주가가 행사가격 11만 원 이하이므로 옵션은 휴지 조각으로 변해버린다. 즉 수익률은 -100%로 투자금 100만원을 모두 날리는 것이다.

이와 같이 옵션은 적은 자본으로 고수익을 창출할 수 있는 반면, 그만큼 리스크도 커지는 레버리지 효과를 갖는다. 한국 옵션시장에서 대박을 노리는 개미 투자자들이 주로 쓰는 방법이 이런 '몰빵 매수'다.

하지만 옵션은 아주 기초적인 관리만 해줘도 안정적인 수익을 창출하는 효자가 될 수 있다. 만일 한 투자자가 어떤 회사의 주식을 갖고 있다고 할 때, 이 투자자는 콜옵션을 매도함으로써 다른 주식 투자자들보다 훨씬 안전하게 주식 투자를 할 수 있게 된다. 콜옵션을 매도했기 때문에 주가가 오르면 오른 만큼 대금을 지불해줘야 하지만, 이미 주식을 갖고 있으므로 보유한 주식을 처분해 대금을 지불하면 되고, 주가가 하락하면 옵션은 무효가 되므로 옵션 매도금은 고스란히 자기 몫이 된다. 이렇게 주식을 보유하고 콜옵션을 매도하는 전략을 커버드 콜Covered Call이라고 하며, 이 전략은 전 세계 옵션거래 중 거의 절반을 차지하는 것으로 알려져 있다.

커버드 콜 전략은 주식이 급상승할 때 주가상승에 따른 차익을 콜옵션 매수자에게 일부 돌려줘야 하고, 주가가 하락할 때에는 콜옵션 매도 대금으로 손실분을 일부 상쇄할 수 있다는 측면에서 가장 안전한 거래 방법 중의 하나로 알려져 있다. 만약 주식 투자를 하고 있다면 이 방법을 한번 활용해보는 것도 좋은 경험이 될 것이다.

옵션가격에 영향을 미치는 변수들

옵션가격에 영향을 미치는 변수로는 크게 기초자산, 행사가격, 무위험 이자율, 기초자산의 변동성, 만기까지 기간, 배당 등이 있다.

1) 기초자산과 행사가격

기초자산이란 옵션거래의 기본이 되는 자산을 의미한다. 예를 들어, KOSPI 주가지수에 따라 옵션가격이 변동되는 거래를 한다면 KOSPI가 기초자산이 된다. 만약 인도에서 면화를 수입하는 업체가 강수량에 따라 면화 가격이 변동할 것으로 보고 강수량에 따른 옵션거래를 만든다면 강수량이 기초자산이 된다.

행사가격이란 옵션거래가 일어나는 가격을 의미한다. 조금 전 옵션을 거래하는 이유를 설명하면서 예로 든 A 회사의 주식을 11만 원에 살 수 있는 옵션거래에서는 11만 원이 행사가격이 된다.

이 기초자산의 현재가격과 행사가격의 차이를 옵션의 본질가치^{Intrinsic Value}라 한다. 옵션에 투자하지 않고 은행에 예금해두면 벌 수 있는 이자만큼은 본질가치에서 빼야 할 것이고, 주가도 항상 변하기 때문에 주식가격의 변동성을 고려해서 옵션의 가격이 결정된다. 또한 중간에 배당이 발생할 경우도 있다. 마지막으로 오늘 사서 내일 옵션을 행사할 수 있는 것과 1년 후에 행사할 수 있는 옵션 간에는 분명한 가격 차이가 있을 것이다. 즉 만기까지 남은 시간도 고려해야 한다. 기초자산과 행사가격 외의 다른 변수들은 옵션가격에 어떤 영향을 미치는지 좀 더 살펴보자.

2) 이자율

일반적으로 이자율이 상승하면 할인율이 상승해 기업들의 현금 흐름의 현재가치가 줄어들기 때문에 이자율은 주가와 반대 방향으로 움직이는 것으로 알려져 있다. 즉 이자율이 상승하면 주가는 하락하고, 이자율이 하락하면 주가는 상승하는 식이다.

그런데 옵션거래에서는 이자율과 주가가 양의 상관관계를 갖고 있다고 가정한다. 왜냐하면 이자율이 상승하더라도 '단기간'에 이자율 변동이 기업의 현금 흐름에 영향을 미치지 않는 반면, 투자자들은 항상 이자율보다 일정 수준 높은 주가수익률을 기대하기 때문이다. 또한 이자율 상승은 기업들의 자금 수요가 증가한 것으로 볼 수 있으며, 이는 기업들의 주가가 상승하는 원인이 되기 때문이기도 하다. 따라서 옵션에서는 이자율이 상승하면 주가가 상승해 콜옵션가치는 올라가고, 이자율이 하락하면 주가가 하락해 풋옵션가치가 올라가는 것으로 가정한다.

3) 변동성

옵션가격을 결정짓는 가장 중요한 요소를 고르라면 단연 변동성이다. 변동성이란 통계학적으로는 표준편차를 의미한다. 즉 주가와 같은 기초자산의 가격이 오르거나 내리는 정도를 나타내는 척도다. 옵션은 콜옵션이든 풋옵션이든 주가가 급등락하면 가치가 올라간다. 변동성이 증가할수록 옵션을 행사할 가능성이 높아지기 때문이다. 만일 KOSPI 지수가 2,400 수준에서 갑자기 3,000 수준으로 급등하면 투자가들은 주가가 상당히 불안정하다고 느끼게 되고, 위로든 아래로든 주가 움직임에 대해 보험을 드는 성격인 콜옵션과 풋옵션의 가격은 모두 상승하게 되는 것이다.

변동성이 옵션가격을 결정하는 데 가장 중요한 요소이기 때문에, 전문가들은 옵션을 분석하고 거래할 때 내재변동성을 반드시 체크한다. 내재변동성implied volatility이란 옵션가격이 주어졌을 때 그 속에 내포되어 있는 변동성을 의미한다.

4) 배당

일반적으로 배당을 하면 주가는 배당만큼 하락한다. 주가란 기업의 총 가치를 주식 수로 나눈 것인데, 배당 지급은 기업의 가치 중 일부를 외부로 유출하는 것이기 때문이다. 따라서 배당이 주어지면, 주가가 하락해 콜옵션의 가치는 하락하고 풋옵션의 가치는 상승한다.

옵션의 본질가치

바로 앞에서 설명했듯이, 옵션의 본질가치는 기초자산의 현재 가격과 행사가격 간의 차이다. 콜옵션의 본질가치Intrinsic Value는 기초자산 가격에서 행사가격을 뺀 것이다. 즉 아무런 외부 변화 없이 현재 10만 원짜리 주식을 미래 어느 시점에 9만 원에 살 수 있는 콜옵션을 구매하고자 한다면, 콜옵션의 본질가치인 1만 원을 주고 구매해야 할 것이다. 풋옵션은 콜옵션과 반대로 생각하면 된다. 즉 풋옵션의 본질가치는 행사가격에서 기초자산의 가격을 뺀 것이며, 현재 10만 원짜리 주식을 미래 어느 시점에 11만 원에 팔 수 있는 권리를 사고자 하면 역시 1만 원의 풋옵션 본질가치를 지불해야 한다.

옵션의 본질가치(만기일의 옵션가치)를 그래프로 표현하면 다음과 같다.

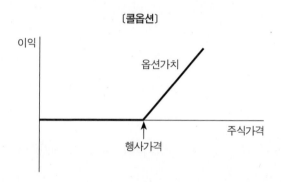

〔콜옵션〕

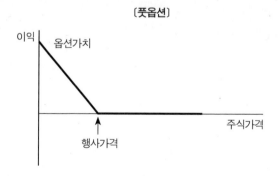

〔풋옵션〕

옵션의 시간가치

옵션은 미래에 권리를 행사할 권한만 있고 의무는 없으므로, 미래의 불확실성에 대해서도 값을 지불해야만 한다. 이것을 시간가치 Time Value라고 한다. 앞의 예에서 현재 주가가 10만 원이고, 행사가격이 9만 원일 경우 콜옵션의 본질가치는 1만 원이라고 했다. 하지만 만기일까지 일정 시간이 남아있다면, 어느 누구도 이 옵션을 1만 원에 팔지는 않을 것이다. 옵션을 매도하는 사람은 미래 불확실성에 대한 대가가 옵션가격에 포함되기를 원할 것이기 때문이다. 따라서 옵션의 가치는 위에 살펴본 본질가치 외에 시간가치가 포함되어야 한다.

$$옵션가치 = 본질가치 + 시간가치$$

만기일이 멀면 멀수록 불확실성이 커지므로, 시간가치는 커지게 된다. 반대로 만기일이 가까울수록 시간가치는 급격히 소멸하게 된다. 다음 그래프는 만기일이 다가옴에 따른 시간가치의 소멸 패턴을 보여준다.

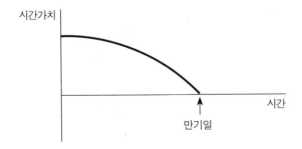

시간가치는 옵션의 행사가격이 현재의 주가 근처에 있을 때 가장 크다. 그 이유는 미래의 주가가 어느 방향으로든 움직일 가능성이 크기 때문이다. 반면 옵션의 행사가격이 현재의 주가보다 상당히 높거나 낮을 때에는 미래에도 주가가 행사가격 수준까지 하락하거나 상승할 가능성이 그리 높지 않을 것으로 보기 때문에, 시간가치가 상대적으로 낮게 된다.

일반적인 옵션의 종류

원칙적으로 세상에 존재하는 모든 변수를 기초자산으로 하여 옵션을 만들 수 있다. 날씨를 기초자산으로 정할 수도 있고, 특정 국가의 테러 발생 횟수와 피해금액을 변수(기초자산)로 옵션을 만들 수도 있다. 문제는 이와 같은 기초자산의 변화를 얼마나 쉽고 합리적인 기준으로 계량화할 수 있느냐에 달려 있다. 다음은 일반적인 옵션의 종류다. 외우려고 하기보다는 직관적으로 이해하고 넘어간다는 생각으로 읽어보자.

1) 유러피언 옵션과 아메리칸 옵션

우리가 일반적으로 알고 있는 옵션과 지금까지 설명한 옵션은 유러피언 옵션$^{European Option}$이다. 유러피언 옵션은 만기에만 권리를 행사할 수 있는 옵션이다. 한국의 KOSPI200 지수 옵션과 미국의 S&P500 지수 옵션은 모두 유러피언 옵션이다.

반면 아메리칸 옵션^{American Option}은 만기 전에는 언제라도 권리를 행사할 수 있는 옵션이다. 한국의 국채선물 옵션, S&P100 지수 옵션, 그리고 대부분의 스톡 옵션^{Stock Option}이 아메리칸 옵션에 해당된다. 아메리칸 옵션은 만기 전에는 언제든지 권리를 행사할 수 있기 때문에, 유러피언 옵션과 비교해 옵션가격이 최소한 같거나 크게 된다(상식적으로 생각해도 그렇다).

2) 디지털 옵션

옵션 행사 시 기초자산의 가격이 행사가격보다 높으면 일정 금액을 받고, 그렇지 않으면 아무것도 받지 못하는 옵션이다. 유러피언 옵션과의 차이점은 이익금액이 정해져 있다는 것이다. 유러피언 콜옵션의 경우, 행사가격이 100원이고 주가가 110원이라면 권리행사 시 10원이라는 차액을 받게 되지만, 디지털 옵션^{Digital Option}인 경우는 받을 금액이 미리 정해져 있으므로 주가가 행사가격보다 높기만 하면 미리 정해진 금액을 받게 되는 것이다. 만일 미리 약정한 이익금액이 10원이라면, 행사가격이 100원이고 주가가 비록 101원일지라도 이것이 행사가격보다 높으므로 10원의 이익이 발생한다(유러피언 옵션이라면 1원의 이익이 발생한다). 만약 한국과 브라질 간의 축구 경기에서 A, B 두 명의 친구가 5만 원씩 낸 후 한국이 이길 경우 A가 10만 원을 받고 브라질이 이길 경우 B가 10만 원을 가져가기로 한다면, 이 둘은 디지털 옵션 게임을 하고 있는 것이다.

3) 다운 앤 아웃 옵션과 업 앤 인 옵션

국제 장외시장의 통화 거래에서 자주 쓰이는 옵션인데, 다운 앤 아웃 옵션^{Down and Out Option}은 기초자산의 가격이 일정 가격 이하로 내려가면 옵션이 무용지물이 되는 옵션이다. 마찬가지로 기초자산의 가격이 일정 가격 이상이 되면 비로소 효력을 발휘하게 되는 옵션을 업 앤 인 옵션^{Up and In Option}이라고 하며, 역시 국제 장외시장에서 거래된다.

4) 스프레드 옵션

스프레드 옵션^{Spread Option}은 옵션의 이익 패턴이 두 개의 서로 다른 기초자산의 가격 차이에 의존하는 옵션이다. 예를 들면, 제트기의 연료를 대량 구매하는 항공사가 연료 가격에 대한 리스크를 헤지하기 위해 난방용 유류 선물을 이용해야 하는 경우가 있다. 이 경우에 제트기 연료 가격과 난방용 유류 선물 사이의 가격 차이에 대한 옵션거래를 장외시장에서 하게 된다.

5) 아시안 옵션

아시안 옵션^{Asian Option}은 특정 기간 동안 기초자산 가격의 평균을 기준으로 가격이 계산되는 이익 패턴을 가진 옵션이다. 즉 만기일이나 권리행사일의 주가 대신 그 이전의 주가를 평균한 값을 이용하는 옵션이라는 뜻이다.[1] 이름이 아시안 옵션인 이유는 기존에 유러피언과 아메리칸 옵션이 이미 있어 남은 대륙들 중 하나의 이름을 따서 명명했기 때문이라고 한다.

---

1 주가의 평균을 구하기 위해서는 관찰치를 어떻게 구분할 것인지가 분명하게 계약서에 명시되어야 한다. 주 단위로 계산한 주가와 일 단위로 계산한 주가는 상당한 차이가 발생할 수 있기 때문이다.

6) 버뮤단 옵션

버뮤단 옵션^{Bermudan Option}은 옵션 만기까지의 기간 중 정해진 특정 기간에만 권리를 행사할 수 있는 옵션을 말한다. 예를 들면, 이자지급 날짜에만 권리를 행사하게끔 만들어진 채권 옵션을 들 수 있다. 버뮤단 옵션은 그 특징이 유러피언 옵션과 아메리칸 옵션의 중간 형태이므로 유럽과 아메리카의 중간 지역에 위치한 버뮤다라는 섬 이름을 따서 명명되었다.

7) 룩백 옵션

룩백 옵션^{Look Back Option}은 만기일에 이전의 주가 형태를 '뒤돌아본다^{look back}'는 의미에서 붙여진 이름이다. 옵션의 이익 패턴이 특정 기간 동안의 기초자산 가격의 최대치와 최소치에 따라 달라진다.

- 룩백 콜옵션:

  만기가치 = 만기 시 주가 – 옵션기간 동안 주가의 최저가

- 룩백 풋옵션:

  만기가치 = 옵션기간 동안 주가의 최고가 – 만기 시 주가

위에 설명한 옵션 외에도 샤우트 옵션^{Shout Option}, 포워드 스타트 옵션^{Forward Start Option}, 컴파운드 옵션^{Compound Option} 등 이색 옵션^{Exotic Option}의 수는 무한히 존재한다. 물론 누구든지 필요에 따라 여러 가지 옵션을 조합해서 새로운 옵션을 만들어낸다면, 그것 또한 이색 옵션이 된다고 할 수 있다. 이런 점이 금융공학을 재밌게 만든다.

기초자산에 따른 옵션의 종류

옵션의 형태에 따른 분류 외에, 옵션은 일반적으로 기초자산이 무엇인지에 따라 지수 옵션, 개별주식 옵션, 선물 옵션, 통화 옵션으로 구분된다.

1) 지수 옵션

우리나라 선물 및 옵션 시장은 기초자산이 KOSPI200 지수다. 즉 KOSPI200 지수의 등락에 따라 옵션의 가치가 변하는 시장인데, 이러한 옵션을 지수옵션이라 한다. 미국의 경우 지수 옵션을 거래하는 거래소로는 시카고옵션거래소CBOE, 필라델피아거래소PHLX, 아메리칸증권거래소AMEX 등이 있다.

2) 개별주식 옵션

현대자동차, 삼성전자, LG전자, SK텔레콤 등 개별주식의 주가를 기초자산으로 하는 옵션거래다. 한국의 경우 일반적으로 유동성이 지수옵션보다 낮고 작전세력이 쉽게 기초자산의 주가를 조작할 수 있다는 점에서 개인 투자자들 입장에서는 지수옵션보다 수익을 내기가 더 어려운 옵션이다.

3) 선물 옵션

2002년 7월부터 한국에서 거래되기 시작한 국채선물 옵션이 선물 옵션의 한 예인데, 기초자산이 현물 대신 선물인 옵션을

의미한다. 미국에서 가장 활발히 거래되는 선물 옵션거래로
는 시카고거래소^{CBOT}의 채권선물 옵션과 시카고상업거래소^{CME}
에서 거래되는 유로달러 선물 옵션이 있다.

4) 통화 옵션

어떤 국가의 통화를 기초자산으로 해서 만들어진 옵션을 통
화 옵션$^{Currency\ Option}$이라고 한다. 통화 옵션인 경우도 주가지수
옵션과 그 개념 및 가격 결정 방법은 같다. 차이점은 통화 옵
션에서는 통화 상대국의 이자율이 주가지수 옵션의 배당률과
같은 역할을 한다는 것뿐이다. 통화 옵션은 아메리칸 옵션, 유
러피언 옵션 모두가 거래되는데, 거래 상대국의 이자율이 항상
변하기 때문에 주가지수 개념으로 본다면 배당이 항상 존재하
는 것으로 볼 수 있다. 즉 통화 옵션에서 아메리칸 옵션은 항상
유러피언 옵션보다 비싸다. 예를 들어, 현재 한국 원화와 미국
달러가 달러당 1,000원에 거래되고 있고, 미국의 이자율이 고
정된 상태에서 한국이 부동산 경기 안정을 위해 이자율을 1%
올린다고 발표한다면, 한국 원화는 평가절상되어 달러당 900
원이 될 수 있을 것이다.(돈의 가격인 이자율이 상승한다는 것은 돈
의 가치가 상승한다는 것이다.) 즉 배당을 발표할 때 주가가 움직
이는 것처럼 한 국가의 이자율 변동은 즉시 환율에 반영된다.

6장

상생의 금융거래
스왑

2008년 9월 15일 오전 1시 45분, 전 세계 금융시장은 사상 유례없는 소용돌이에 휘말렸다. 미국 역사상 최대 규모의 파산인 리만 브라더스의 파산이 공식 발표된 것이다.

2008년 금융위기와 통화스왑의 마법

고래 싸움에 새우등 터지듯 한국 금융시장에도 여지없이 낙진이 떨어졌다. 외국 투자자본의 급속한 이탈로 달러 대비 원화가치는 2008년 8월 마지막 날 1,089원에서 11월 24일 28% 하락한 1,513원까지 추락했고, 8월 말 1,474.2였던 KOSPI 지수는 10월 24일 938.8까지 급락했다. 회사채에 대한 신용 스프레드(가산금리)도 세 배 가까이 상승하면서 일반 기업의 자금조달도 치명타를 입었다. 2008년 4사분기 GDP 성장율은 5.1% 감소했고, 실업률 또한 2008년 8월 3.1%에서 2009년 상반기에는 4%까지 급상승했다. 한마디로 국가 경제가 1998년 외환위기 이래 최대 위기에 직면했던 것이다.

이렇듯 미국 4대 투자은행의 파산이 초단기간에 한국 경제에 A급 태풍과도 같은 충격을 가했지만, 이후 한국 경제는 대서양 양쪽에서 수많은 경제적 희생자가 나오는 동안에도 별다른 충격 없이 슬기롭게 헤쳐나갔다. 도대체 어떻게 이러한 위기 극복이 가능했을까?

여러 가지 이유가 있겠지만, 통화스왑이 위기 극복에 중요한 역할을 했음은 자명한 사실이다. 급속한 외국 투자자본의 이탈로부터 원화가치를 안정적으로 유지하기 위해 한국 정부는 미국과 2008년 10월 300억 달러 규모의 원-달러 스왑거래 협약을 체결했고, 같은 해 12월에는 중국, 일본과 각각 1,800억 위안과 200억 달러 규모의 스왑거래 협약을 체결함으로써 원화가치를 안정화시켰을 뿐 아니라 자금조달에 어려움을 겪고 있던 국내 시중은행에 266억 달러를 지원할 수 있었다.

만약 한국 정부가 미 · 중 · 일 3개국과 적절한 타이밍에 통화스왑을 체결하지 않았다면 외국 자본이 이탈하면서 원화가치는 급락했을 것이고, 이에 따라 제2의 외환위기가 닥쳤을지도 모른다. 이처럼 통화스왑은 필요한 시기에 필요한 외화를 확보함으로써, 환 리스크를 헤지하는 데 유용한 도구로 사용되었다.

독도 영유권 문제와 한일 통화스왑

일본 정부의 우경화와 2012년 8월 이명박 전 대통령의 독도 방문 등으로 한일 관계가 급랭하는 가운데, 2012년 10월 일본 조지마 고리키 재무상은 도쿄에서 기자들에게 "한일 통화스왑 확대가 현재로서는 필요하지 않을 것으로 보인다."고 블룸버그 통신을 통해 밝혔고, 한국 정부도 더 이상 한일 통화스왑을 확대할 필요가 없다고 대응함으로써 한일 통화스왑이 한때 세간의 관심을 끈 적이 있었다. 그리고 마침내 마지막으로 남아있던 100억 달러 규모의 양자 간 통화스왑은 2015년 2월 23일 만기와 함께 종료되었다. 불과 몇 년 사이에 어떤 일이 있었길래, 리만 사태 때 그렇게 유용했던 통화스왑이 쌍방에 의해 이렇게 헌신짝 버려지는 듯한 신세가 되었을까?

한일 통화스왑은 1999년 6월에 처음 체결되었다. 당시 한국은 IMF 외환위기를 겪으면서 외환 유동성의 중요성을 절감하는 상황이었다. 한국으로서는 아무리 실물경제를 탄탄히 다지며 성장하더라도 갑작스런 글로벌 경제 상황 변화로 외화가 썰물처럼 빠져나간다면, 제2의 외환위기가 올 수도 있다는 점을 우려하고 있었다. 이런 상황에서 한국 원화보다 변동성이 적고 유동성이 풍부하며 외환위기에 대한 저항력이 강한 일본 엔화를 적시에 공급받을 수 있다면, 원화가치 급변동에 따른 실물경제 리스크를 상당히 줄일 수 있을 것으로 판단했다.

이러한 한국 정부의 니즈를 반영해 한국과 일본은 금융위기 등 필요시에 최대 100억 달러를 인출할 수 있도록 쌍방 간 스왑거래 협약[BSA, Bilateral Swap Agreement]을 체결하고, 2006년 2월 수정 계약에서는 일본 정부도 필요시에 50억 달러를 인출할 수 있도록 함으로써 양국은 외환 협력에 대한 강력한 의지를 보여주었다.

2012년 독도 문제 이후 불거진 한일 통화스왑 이슈는 2011년 더욱 확대된 수정 협약이었는데, 주요 내용을 요약하면 다음과 같다.

1) 원-엔 스왑을 기존 30억 달러에서 300억 달러로 확대. 즉 한국은 필요시 300억 달러에 해당하는 일본 엔화를 요청할 수 있고, 일본 역시 필요시 300억 달러에 해당하는 원화 요구 가능

2) 원-달러 스왑은 기존 100억 달러에서 400억 달러로 확대

3) 2000년 5월에 체결된 아세안[ASEAN] 공동위기 대응 프로젝트인 치앙마이 이니셔티브[CMI, Chiang Mai Initiative] 확대. CMI는 아세안 10개국과 한국, 일본, 중국이 외환위기 및 금융위기 발생을 막기 위해 1,200억 달러 규모의 공동 기금을 마련하는 것을 골자로 한 통화스왑 협정

일본은 왜 통화스왑을 수용했을까

일본은 2011년 8월 말 현재 1조 2,200억 달러를 보유하고 있는 외환보유 대국이다(일본 재무성 발표에 따르면 2018년 2월 말 현재 일본의 외환보유액은 1조 2,617억 달러로 세계 2위이고, 한국은행 경제통계시스템에 따르면 한국의 외환보유액은 3,948억 달러로 세계 9위다). 따라서 일본 입장에서 한일 통화스왑 총금액인 400억 달러는 사실 없어도 그만인 수준이며, 일본의 환 리스크 헤지에 거의 영향을 끼치지 않는다. 그렇기 때문에 독도 문제가 불거져 양국 관계가 급랭해짐에 따라 마침 만기가 돌아온 한일 통화스왑 연장을 거부할 때에도 미동조차 하지 않았다(물론 한국 정부도 그동안 중국과 다양한 통화스왑을 체결해놓은 상태라 아쉬울 게 없었다). 그렇다면 과거 일본은 이웃나라인 한국이 안쓰러워서 통화스왑을 체결해줬던 것일까?

일본은 이웃나라에 절대로 너그럽지 않다는 점에서 이에 대한 답을 찾을 수 있다. 일본이 두려워했던 것은 외환 유동성 위기가 아니라 한국의 자동차와 전자제품이었다. 만약 한국에 달러가 부족해서 원화가치가 급락하기라도 하면 한국산 자동차와 전자제품은 해외에서 그만큼 싼 가격에 팔릴 것이며, 이는 곧바로 토요타, 소니 등 일본 주력 제조업체에 심각한 타격을 줄 수밖에 없기 때문이었다. 즉 일본으로서는 몇 푼(?) 안 되는 달러를 자국산 제품의 해외 가격 경쟁력을 확보하는 데 적절히 활용했던 것이다.

이처럼 금융공학은 단순히 금융시장에서 만들어내는 이익 관점뿐만 아니라, 실물경제 전반에 미치는 영향을 종합적으로 고려해야 하는 만큼, 파생상품 가격을 계산해내는 퀀트들에게만 맡겨둘 분야는 아니다.

통화스왑을 활용한 헤게모니 전쟁

통화스왑은 1970년대 영국에서 환율통제를 벗어나기 위한 수단으로 발달하기 시작했다. 당시 영국 정부는 자국의 자본이 외국으로 유출되는 것을 통제하기 위해 외환거래 시 세금을 부과했는데, 이에 대응해 영국 내의 회사들은 외환거래를 하지 않고도 외환거래를 한 것과 같은 효과를 내는 금융거래 기법을 개발하기 시작했고, 이것이 바로 통화스왑의 시초가 되었다.

40여 년이 지난 지금 통화스왑은 성격이 완전히 달라졌다. 환거래와 동일한 효과를 내기 위한 본질적인 금융거래에서부터, 금융위기를 거치면서 외환위기에 대비한 안전장치 역할을 했던 통화스왑에 이르기까지 이제는 자국통화의 국제화와 정치적 헤게모니 확대를 위해 광범위하게 활용되고 있다. 정치적 헤게모니 장악을 위한 통화스왑 활용은 중국이 대표적이라 할 수 있다. 국제금융시장에서 달러화의 독주를 막기 위해, 더 나아가 위안화의 영향력 강화를 목적으로 중국은 2009년 말레이시아, 홍콩, 인도네시아, 벨라루스, 아르헨티나와 통화스왑을 체결했고, 이듬해에는 아이슬란드, 싱가포르, 2011년에는 한국, 뉴질랜드, 우즈베키스탄, 몽골, 카자흐스탄으로 확대했다. 한국과 맺은 통화스왑 규모는 3,600억 위

안으로 홍콩(4,000억 위안)에 이어 두 번째 규모다. 2012년에는 아랍에미레이트, 호주, 터키를 추가했고, 2013년에는 유럽중앙은행과 통화스왑을 체결, 총 17개국과 제휴함으로써 위안화를 통한 국제 금융시장에서의 영향력 확대를 급속도로 추진해가고 있다.

한국도 1998년 외환위기와 2008년 글로벌 금융위기를 거치면서 슬기롭게 대처한 결과, 2018년 2월 현재 외환보유액은 3,948억 달러에 이르는 수준으로 세계 9위의 외환보유국이 되었다(한국은행 경제통계시스템). 단기외채는 외환보유액의 3분의 1 수준으로, 통화 측면에서만 본다면 상당히 강한 경쟁력을 확보했다. 그리고 이제는 외환위기 재발을 걱정할 필요가 없는 수준까지 성장했다. 한국은 일본이 통화스왑을 미끼로 위협하지 못할 정도로 성장했을 뿐 아니라, 오히려 원화의 국제화를 위해 통화스왑을 활용하는 수준에까지 이르렀다. 2013년 말레이시아와 15조 원, 아랍에미레이트 및 인도네시아와 각각 5조 8,000억 원, 10조 7,000억 원의 통화스왑을 체결함으로써 원화 국제화의 첫걸음을 내디뎠다. 외환위기에 대비해서 강대국 통화를 활용하던 시절이 불과 수년 전이었지만, 이제는 우리나라도 외환 대국이 되기 위한 의미 있는 진전을 만들어가고 있는 것이다. 그래도 아직 갈 길이 멀다. 자동차와 전자 등 제조업이 글로벌 시장에서 선전하고 있는 것처럼 금융도 언젠가는 글로벌 금융시장의 강자로 등극하기를 기대해본다. 그러기 위해서 반드시 거쳐야 할 관문이 바로 금융공학이다.

통화스왑 가치는 어떻게 계산되나

한일 간 통화스왑을 체결하는 과정에서 아무런 조건 없이 필요할 때 양국이 정해진 금액을 교환하도록 협정을 체결할 리는 만무했을 것이다. 양국 간의 이자율이 다르고, 환 변동성이 다르기 때문에 이러한 변수들을 적절히 가격에 반영해야 했다. 여기에서는 통화스왑 가치가 어떻게 계산되는지에 대해 문제를 단순화시켜 알아보자. 숫자에 알레르기가 있는 분들은 양국의 이자율, 환율, 환 변동성이 통화스왑의 가치를 평가하는 외생변수라는 정도만 알아둬도 무방하다.

통화스왑의 일반적인 거래 방식은 거래 개시와 함께 원금을 교환하고 거래기간 동안은 이자만 교환하다가, 거래 종료와 함께 다시 원금을 재교환 하는 것이다. 다음은 한국 기업의 미국 자회사가 100만 달러가 필요해 미국 달러화에 대한 스왑거래를 체결한 가상의 사례다.

1) 거래 개시와 함께 원금의 교환(환율 1,200원 가정)

　-12억 원　　　　　　　　　　+100만 달러

즉 원화 12억 원어치 채권을 발행하고 100만 달러어치 채권을 구입한 것과 같은 형태가 된다.

2) 거래기간 동안 이자 교환(연간 기준)

　+1억 2,000만 원　　　　　　-5만 달러

거래 이자율이 한국은 10%, 미국은 5%라 가정할 때, 한국

회사는 매년 5만 달러씩 이자를 지불하고, 1억 2,000만 원씩 이자를 받는다.

3) 거래 종료와 함께 이자와 원금 교환

　　+13억 2,000만 원　　　　　　-105만 달러

거래 종료와 함께 한국 회사는 기 발행한 채권의 액면가 12억 원과 연이자 1억 2,000만 원을 지급받고, 상대방이 발행한 미국 채권 100만 달러와 이자 5만 달러를 지불하게 된다.

조금 난이도가 있는 통화스왑 거래

회사 A, B가 다음과 같은 조건(대출금리)으로 자금을 조달할 수 있다고 가정하자. 회사 A는 스털링^{Sterling}을 원하고 회사 B는 달러를 필요로 할 때, 통화스왑을 통해 각 회사가 얻을 수 있는 이익을 구해보자.

	회사 A	회사 B	차이
달러	8%	10%	2%
스털링	10%	11%	1%

A는 모든 자금조달에 있어서 절대우위에 있고, B는 스털링에 대해 비교우위^{Comparative Advantage}[1]에 있다. 따라서 회사 A는 달러를 대출

1　비교우위란 비록 절대적으로는 어느 한쪽이 다른 한쪽보다 모두 불리한 조건이지만, 상호 거래를 통해 쌍방 모두에게 이득을 줄 수 있는 상태를 말한다.

받고 B는 스털링을 대출받은 후 통화스왑 거래를 하면, 순수차익 Net Differential이 1%이므로 각각 0.5%씩 이득을 나누어 가질 수 있다.

8% 달러
이자 지급

9.5% 스털링

8% 달러

11% 스털링
이자 지급

회사 A

회사 B

A는 8%의 달러를 외부 은행에 지급하고, 8% 달러를 B로부터 받은 후 9.5% 스털링을 B에 지급하므로, 순이자 지급액은 9.5% 스털링이 된다. 즉 스왑거래를 하지 않고 스털링 자금을 조달할 때 드는 비용 10%보다 0.5% 낮은 이자 비용으로 자금을 조달할 수 있게 된다.

한편 B는 스털링의 순지출이 1.5%(11%-9.5%)이고 달러 순지출이 8%이므로 총지출은 역시 9.5%다. 따라서 스왑거래 없이 달러를 조달할 때 드는 비용 10%보다 0.5% 낮은 이자 비용으로 자금을 조달할 수 있게 된다.

이자율스왑

2007년 상반기에 금리가 오름세를 보이던 상황에서 변동금리로 주택담보대출을 받은 사람들에게 단비와 같은 금융상품이 출시되었다. 3월 29일 국민은행이 은행권 담보대출상품 최초로 '금리스왑'과 '아파트담보대출'을 결합한 복합상품인 'KB스왑연계 아파트담보대출'을 내놓은 것이다.

이 상품은 아파트(주상복합아파트 포함)를 구입하거나 담보제공 시 3년 이내 일시상환 또는 30년 이내 원금균등분할상환 방식의 대출을 받는 고객이 별도의 이자율스왑 계약을 체결하면, 3개월 주기 변동금리 아파트담보대출에 적용되는 시장금리 대신 스왑금리를 적용함으로써 스왑 계약 기간 동안 시장금리 변동에 관계없이 대출적용금리를 고정시킬 수 있는 것이 특징이었다. 특히 스왑금리는 일반적인 고정금리보다 0.2% 정도 금리가 낮기 때문에 금리가 계속해서 오를 것을 우려하던 변동금리 대출 소비자들로서는 한 번쯤 고려해볼 만한 매력적인 상품이었다.

세월이 흘러 2013년 상반기가 되자, 지속된 글로벌 금융위기로 금리는 하락세를 거듭하며 기존 스왑연계 대출상품으로 고정금리를 지불하던 고객들은 변동금리로 갈아타기 위해 중도해지수수료 외에 평균 1.2%에 달하는 스왑거래 청산비용을 지불해야 할 처지에 놓였다. 이에 금융당국은 대출을 갈아탈 때 이자율스왑에 도사린 불리한 조건에 대한 설명 부족과 청산비용이 지나치게 높은 데서 민원이 야기되고 있다고 분석했다. 일단 은행들이 일반대출과의 차이점, 중도상환 시 입게 되는 불이익 등을 자세하게 설명하도록 하고 취급실태 점검을 강화하도록 했으나, 이것만으로는 부족하다는 판단하에 소비자들에게 주의를 요하는 소비자 경보를 발령했다.

아마도 대부분의 고객들은 2007년 스왑연계 대출상품이 출시되었을 때, 첨단 파생상품 기법이 적용되어 일반 고정금리보다 더 낮은 금리로 미래 현금지급을 고정시킬 수 있다는 사실에 매료되었을 것이다. 물론 틀린 인식은 아니었지만, 얼마나 정당한 대가를 지불하고 스왑금리를 구매했는지와 거래비용은 얼마나 되는지에 대한 고려가 미흡한 것이 피해의 원인이었다. 이자율스왑은 그 자체로서는 고정금리를 원하는 고객과 변동금리를 원하는 고객 간 거래를 성사시켜 쌍방 모두에게 이익이 되게끔 하는 긍정적 면이 있음에도 불구하고, 정확한 정보 전달의 문제로 인해 문제 발생의 소지가 있는 것 또한 사실이다.

스왑거래가 처음 이루어질 때는 공정가격으로 이자율이 결정되기 때문에 어느 쪽도 더 많은 이익을 얻을 수 없지만, 시장의 이자율은 매순간 변하기 때문에 스왑거래가 성사되자 마자 쌍방은 시장 이자율의 방향에 따라 이익 또는 손실을 보는 상황에 처하게 된다. 즉 이자율 리스크에 노출되는 것이다. 파생상품이든 전통적인 일반 금융상품이든 공짜는 없다. 어떤 것을 선택하는지에 따라 노출되는 리스크가 다를 뿐이다. 은행 지점에서 최첨단 파생상품을 이용한 상품이라고 추천하더라도 리스크가 줄었다고 생각하지는 말아야 한다. 단지 리스크의 형태가 달라졌을 뿐이다.

이자율스왑^{Interest Rate Swap}은 '투자자 A는 B에게 고정금리를 지불하고, 투자자 B는 투자자 A에게 변동금리를 지불하는 식의 금융거래'다. 이렇게 변동금리와 고정금리를 서로 맞바꾸게 되면 다음 설명에서 볼 수 있듯이 비교우위와 이자율 리스크 관리라는 두 마리 토끼를 다 잡을 수 있게 된다.

만일 한 은행이 변동금리로 아파트 담보대출을 내줬는데 이자율 리스크가 우려되어 고정금리로 변환하고자 하고, 다른 한 은행은 단기자금 운영 측면에서 변동금리를 선호한다고 하자. 이때 두 당사자는 시장의 공정가격을 산출해 스왑거래를 체결할 수 있다. 이것이 이자율스왑이 갖고 있는 이자율 리스크 관리의 속성이다.

이자율스왑의 비교우위 속성과 이자율 리스크 관리 속성을 합한 예를 보자. 회사 A는 신용상태가 좋아서 고정금리로는 7%, 변동금리로는 리보^{LIBOR2}+50bp³ 로 대출받을 수 있고, 회사 B는 회사 A보다 신용이 좋지 않아서 고정금리로는 8.8%, 변동금리로는 리보+150bp로 대출받아야 한다고 가정하자.

	회사 A	회사 B	차이
고정금리	7%	8.8%	1.8%
변동금리	리보+50bp	리보+150bp	1.0%

---

2 리보(LIBOR)는 London Inter-Bank Offered Rate의 약자로, 전세계 주요 은행들이 단기자금을 거래할 때 사용하는 금리다. 1일, 1주일, 1개월, 2개월, 3개월, 6개월, 12개월 등 총 7개의 만기상품이 있다.
3 bp는 베이시스 포인트(basis point)의 약자로서 100bp는 1%다.

고정금리든 변동금리든 간에 회사 A가 항상 유리하게 대출받을 수 있다. 즉 회사 A는 대출금리 측면에서 절대우위에 있다. 여기서 절대우위란 어떠한 경우에도 회사 B보다 유리하게 대출받을 수 있다는 뜻이다. 회사 B는 반대로 절대열세에 있지만, 만일 회사 A를 상대로 이자율스왑 거래를 체결하면 비교우위를 갖게 된다. 비교우위란 비록 절대적으로 상대방보다 불리한 조건이지만 거래를 통해 양방 모두에게 이득을 줄 수 있는 상태를 뜻한다. 왜 그런지 알아보자.

회사 A와 회사 B의 고정금리 차이는 180bp(1.8%)인 반면에 변동금리 차이는 100bp(1.0%)에 불과하다. 즉 회사 A는 고정금리로 대출받을 때 회사 B에 비해 훨씬 유리한 조건의 대출을 받는 셈이 되고, 회사 B는 변동금리로 대출받아야 상대적으로 덜 불리한 조건으로 자금을 운용할 수 있다. 만일 이때 회사 A가 변동금리를 원하고, 회사 B가 고정금리를 원한다면, 쌍방 간에 이익이 되는 스왑거래가 이루어지게 된다.

실제로는 개별 회사들이 상대방의 정보를 모르기 때문에 이런 스왑거래가 직접 이뤄지기는 어렵다. 그래서 은행과 같은 중개회사가 개입하게 된다. 즉 각 개별 회사들이 서로 자신의 니즈를 중개회사에 말해주면, 중개회사는 이런 개별 회사들의 니즈를 모아서 스왑거래를 통해 서로에게 알맞은 '맞춤형 금융상품'을 성사시켜주는 것이다. 다음은 위의 두 회사가 어떻게 중개회사를 통해 스왑거래를 체결하는지 보여준다.

1) 회사 A는 변동금리를 원함에도 불구하고 상대적으로 유리한 고정금리를 이용한다.(이자율 7%)

2) 회사 B는 고정금리를 원함에도 불구하고 상대적으로 유리한 변동금리를 택한다. (리보 + 150bp)

3) 중개회사(대체로 은행 또는 증권사)를 통해서 스왑거래를 체결한다.

7% 이자 지급	리보		리보		리보+1.5% 이자 지급
회사 A	6.8%	중개회사	7%	회사 B	

4) 회사 A는 중개회사에 리보금리를 지급하고 고정금리 6.8%를 받는 계약을 체결한다. 위 그림에서 화살표는 금리를 지불하는 방향을 의미한다.

5) 회사 B는 중개회사에 7%의 고정금리를 지불하고, 리보 금리를 지급받는 계약을 체결한다.

6) 회사 A의 대출이자: 7%+리보를 지불하고 6.8%를 받았으므로 7%+리보-6.8%=리보+0.2% (스왑거래가 없을 경우의 변동금리(리보+0.5%)보다 0.3% 저렴)

7) 회사 B의 대출이자: 리보+1.5%와 7%를 지불하고 리보를 받았으므로 리보+1.5%+7%-리보=8.5% (스왑거래를 안 했을 경우의 고정금리 8.8%보다 0.3% 저렴)

8) 중개회사 이익: A로부터 리보금리를 받고 B에게 지급, B로

부터 7%를 받고 A에게 고정금리 6.8%를 지불했으므로 순이익 0.2%

즉 스왑거래를 통해 거래 당사자 및 은행까지 모두 이익을 보게 된다. 그렇다면 도대체 어떻게 이런 로직이 가능할까? 다음은 숫자가 도출되는 방법을 보여준다.

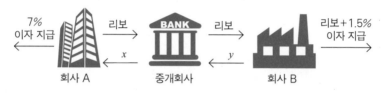

현재 외부 대출기관에 회사 A는 7%의 고정이자를 지불하고, 회사 B는 리보+1.5%를 지불하고 있다. 변동금리를 원하는 회사 A는 중개회사와 리보금리(변동금리)를 지불하고 이에 상당하는 고정금리 x를 받는 계약을 체결해 결국 전체적으로 변동금리를 지불하는 셈이 된다. 마찬가지 논리로 회사 B는 리보금리(변동금리)를 받고 고정금리 y를 지불하는 셈이 된다. 아래는 x와 y를 구하는 방법이다.

	회사 A	회사 B	차이
고정금리	7%	8.8%	1.8%
변동금리	리보+50bp	리보+150bp	1.0%

고정금리 차이(1.8%)와 변동금리 차이(1%)의 차이인 0.8%가 스왑거래를 통해 서로가 얻을 수 있는 전체 이익이 된다.

$$전체이익 = 1.8\% - 1.0\% = 0.8\%$$

그런데 정보의 부족, 채무 불이행 위험 등을 비롯한 여러 가지 제약이 많기 때문에, 개별 당사자들 간에 직접 스왑거래를 체결하는 것이 상당히 어렵다. 따라서 중개회사를 이용하게 되는데, 이에 따른 수수료를 지불해야 한다. 중개회사가 0.2%의 수수료를 부과한다면, 남은 0.6%가 회사 A, B에 돌아가는 스왑거래의 이득이며, 개별 회사에는 그 절반인 0.3%씩 돌아가게 된다.

다시 위의 표로 돌아가서, 논리를 수식으로 만들어보면 다음과 같다.

1) x 값 구하기

지출: -7% - 리보(지출은 마이너스로 표시)

수입: x%

지출 + 수입 = -회사 A의 변동금리(리보+0.5%) + 이익(0.3%)

-7% - 리보 + x = -리보 - 0.5% + 0.3%

x = 6.8%

2) y 값 구하기

지출: $-y$ - 리보-1.5%

수입: 리보

지출 + 수입 = -회사 A의 고정금리(8.8%) + 이익(0.3%)

$-y$ - 리보 - 1.5% + 리보 = 8.8% + 0.3%

y = 7%

위 수식을 이용하면 무수히 많은 기업들의 변동금리와 고정금리를 입력해놓고 그들 간의 비교우위를 자동으로 계산할 수 있어서, 은행 등 중개회사는 자금이 필요한 개별회사의 특성에 맞는 이자율스왑 상품을 구성해 제공할 수 있다.

7장

선산의 굽은 소나무
채권

친구들을 만나거나 회식을 할 때 주식시장이 화제가 되는 경우는 있어도 채권^bond이 대화의 주제가 되는 경우는 거의 없다. 신문이나 인터넷 매체들도 채권과는 비교할 수 없을 정도로 주식시장과 주식 정보에 많은 비중을 할애한다. 글로벌 채권시장의 규모나 수익률, 시장에 미치는 영향 등을 냉정하게 비교 분석해 본다면, 주식시장에만 관심이 쏠리는 현상은 결코 바람직하지 않은데도 말이다. 과연 채권은 주식과 비교했을 때 그렇게 하찮은 존재일까?

글로벌 채권시장의 규모는 2017년 7월 현재, 약 100조 달러로 76조 달러 수준인 주식시장 규모의 약 1.5배에 달하는 최대 금융시장이다. 액수만 보면 감히 주식이 채권을 얕보지 못하는 규모인 것이다. 채권 발행자도 회사, 정부, 지방자치단체, 기타 저당담보부

채권 발행기관 등 회사로만 국한된 주식시장과 비교해 차원이 다르다.

주식이 채권보다 잘 나가는 이유는 단 한 가지로 어떤 이유에서인지 심리적으로 사람들이 채권보다는 주식에 더 관심을 갖게 된다는 것뿐이다. 주식시장이 채권시장보다 변동성이 훨씬 크다는 사실이 투자자의 관심을 자극하는 것 같다. 축구경기에서도 공격형 축구가 수비형 축구보다 재미있는 것처럼 말이다. 그러나 자세히 살펴보면 채권이 주식보다 훨씬 많은 장점을 가지고 있다는 사실을 알게 된다. 굽은 소나무가 끝내 선산을 지킨다는 말이 있듯이, 아무도 관심 갖지 않는 채권을 제대로 알 때 진정한 고수의 반열에 오를 것이다.

우선 채권이 주식보다 수익률이 낮을 것이라는 '상식'이 잘못됐다. 물론 오늘 투자해서 내일 찾는 식의 투자라면 당연히 주식의 수익률이 더 높을 것이다. 반대로 돈을 잃을 가능성도 그만큼 더 높다는 걸 감안하면 완전히 동의할 수는 없지만 말이다. 미국에서 2003년부터 2013년 9월까지 10년간 채권과 주식의 수익률을 비교해본 결과, 주식 수익률은 7.56%인 반면에 하이일드^{high yield} 채권(투자 부적격 채권) 수익율은 8.59%, 신흥시장 채권과 미국 회사채는 각각 8.46%와 6.27%의 수익률을 기록한 것으로 밝혀졌다. 주식 수익률은 고작 미국 회사채 수익률보다 조금 높은 수준으로, 하이일드나 신흥시장 채권보다 훨씬 저조한 성적을 보인 것이다.

게다가 주식시장은 채권시장보다 변동성이 훨씬 더 크다. 주식

시장에서 돈을 잃을 가능성까지 감안한다면, 채권 수익율이 훨씬 훌륭한 성과를 냈다고 볼 수 있다. 주식에 투자한 후 긴 세월을 편하게 지내지 못하고 매일 등락을 거듭하는 주식 시세에 따라 희비가 교차하면서 모니터를 바라보는 많은 주식 투자자들은 잠시 거래를 멈추고 냉정하게 금융시장을 바라봐야 할 것이다. 그리고 채권은 (모든 채권이 그런 건 아니지만) 일반적으로 원금은 절대 까먹지 않는다. 그래서 채권 투자에 조예가 깊은 일부 투자자들은 주식시장을 기웃거릴 필요를 느끼지 못한다.

"그래도 나는 주식이 편해."라고 하는 투자자도 채권을 눈여겨봐야 할 충분한 이유가 있다. '한 바구니에 달걀을 모두 담지 말라.'는 말이 있다. 참 진부한 말임에도 불구하고 과거의 많은 경험이 증명한 투자의 지혜임에는 틀림없다. 채권이라는 분산투자 대상을 잘 활용한다면 노출된 리스크 대비 안정적인 수익을 얻을 기회가 훨씬 많아진다. 다양한 주식만으로 분산투자를 하는 것보다 채권을 가미한 포트폴리오 투자가 좀 더 안정적인 리스크-리턴risk-return 구조를 만들어준다는 의미다.

또한 주식으로 돈을 벌면 자동으로 세금을 떼 가지만, 채권에는 세금 혜택이 주어지는 경우가 많다. 미국 지자체나 연방정부 발행 채권의 경우 세금 면제 채권이 많다. 우리나라에서도 채권을 활용한 절세 사례는 많이 있다. 바람직한 사례는 아니겠지만 전두환 전 대통령의 비자금 수사 때 언론에 회자되었던 1,400억 원대 무기명 채권(공식 명칭은 특정채권)은 금융실명제법에서 '특정채권(즉 무기명 채권)의 소지인은 자금의 출처를 조사하지 않고, 이를 과세자료로 해서 조세를 부과하지 않는다.'고 규정된 채권이었다.

두산 인프라코어 영구채는 자본인가, 부채인가

일반적으로 기업이 채권을 발행하면 할수록 갚아야 할 부채가 많아져서 부채비율이 높아지게 되고, 높은 부채비율은 재무건전성에 문제가 있는 것으로 인식된다. 기업이 자금을 조달하는 방법은 주식 발행을 통한 자본 확충과 채권 발행 두 가지가 있다. 자본을 조달하면 재무건전성은 높아질 수 있지만, 일반적으로 자본은 부채보다 조달금리가 비싸고 지배구조 변경 리스크 등 여건도 여의치 않은 경우가 많다. 그렇다고 채권을 무작정 발행하면 부채비율이 높아지는 리스크가 존재한다.

　2012년 10월 5일 두산 인프라코어는 산업은행과 협력해 5억 달러의 영구채를 발행했다고 발표했다. 영구채란 '영구히 일정액이 지불되는 채권'을 말한다. 2007년 밥캣^{Bobcat}에 출자한 재무적 기관투자가들^{FI, Financial Investors}이 보유한 전환우선주^{Convertible Preferred Stock}[1]의 풋옵션 만기가 도래함에 따른 상환자금 조달이 목적이며, 영구채는 '자본'으로 인정되기 때문에 지배구조 변동 없이 부채비율을 낮출 수 있어 재무구조 개선에 도움이 된다는 설명이 언론을 통해

---

1 기업이 발행하는 주식 중 의결권을 행사할 수 있는 주식을 보통주라 하고, 의결권을 행사할 수 없는 주식을 우선주라고 한다. 전환우선주는 우선주의 형태로 발행하지만 일정 기간이 지나면 보통주로 전환할 수 있는 주식을 말한다.

보도됐다.

사실 기업이 채권을 발행하는 것은 일상적인 영업활동이기 때문에 뉴스거리가 되지는 못하지만, 두산 인프라코어가 발행한 영구채는 좀 달랐다. 두산 인프라코어의 영구채 발행 소식에 금융위원회가 강하게 이의를 제기했다. 금융위원회는 영구채가 실질적으로 부채에 가까우며 영구채가 자본항목으로 허용되면 부실기업이 부채비율이 낮은 것처럼 눈속임하기 위해 악용할 가능성이 높기 때문에 부채로 봐야 한다는 입장을 내놓았다. 이에 대해 영구채 발행을 허용한 금융감독원에서는 원장이 직접 나서서 반박 의견을 발표했다.

영구채를 자본으로 볼 것인지 부채로 볼 것인지의 문제는 어떤 회계기준을 따르는지에 따라 달라진다. 우리나라는 2011년에 IFRS라는 국제 회계기준을 도입했는데, IFRS는 부채를 '과거에 발생했으며 경제적 효익을 갖는 자원이 기업으로부터 유출될 것으로 기대되는 현재의 의무'로 정의하고, 이 정의에서 벗어나는 모든 것을 '자본'으로 분류한다. 과거 우리나라에서는 자본과 부채를 각각 별도로 정의하는 '미국식' 회계기준을 따랐으나, IFRS에서는 부채를 정의하고 부채가 아닌 모든 것을 자본으로 정의한다. 이 기준에 따르면 영구채는 미래 특정 시점에 상환 의무가 명백히 존재하지 않으므로 부채의 정의에 포함되지 않고 자본으로 분류된다.

이러한 이유 때문에 두산 인프라코어는 영구채를 발행해 지배구조 변경 없이 재무구조를 개선하는 효과를 얻었고, 재무구조 개선이 필요한 다른 기업들도 연이어 영구채 발행을 검토하기 시작했다. 그러던 중 금융위원회가 제동을 걸자 추가적인 영구채 발행은 잠정 중단된다.

파장이 커지자 국내 회계기준을 작성하고 해석을 책임지는 회계기준원이 나섰지만, 금융위원회와 금융감독원 간에 이견이 팽팽한 상황이라 쉽게 결론을 내리지 못했고 국제회계기준위원회에 판단을 요청했다. 결국 회계기준원은 2013년 5월 15일, 영구채를 자본으로 인정한다는 국제회계기준위원회의 해석을 발표하게 된다. 이 소식이 전해지면서 두산 인프라코어의 주가가 상승했고, 그동안 눈치를 보던 다른 기업들도 속속 영구채 발행에 나섰다. 영구채를 자본으로 인정한다는 발표가 나온 지 불과 두 달 만에 포스코, SK텔레콤, 대한항공이 줄줄이 영구채를 발행했다.

영구채가 자본으로 인정된다는 것은 이제 더 이상 부채비율만 보고 기업의 재무건전성을 판단해서는 안 되는 세상이 되었음을 의미한다. 부채비율이 낮은 것처럼 보이기 위해 영구채 발행을 활용하는 노력이 지속적으로 이어질 것이기 때문이다. 그렇다고 IFRS에 회계기준을 바꾸라고 할 수도 없는 노릇이다. 결국 남들보다 먼저 많이 아는 투자자만이 살아남는 세상이 되었다.

채권 워밍업

채권이란 이자와 원금을 미래의 일정 시점에 지불할 것을 보장해 주는 확정이자부 유가증권이다. 정부, 지방자치단체, 특수법인과 상법상의 주식회사가 투자자들로부터 장기간 많은 자금을 일시에 대량으로 조달하기 위해 발행하는 일종의 차용증서인 셈이다. 채권은 발행 시에 채무자가 지급해야 하는 이자와 상환금액이 확정되어 있거나 또는 그 기준이 확정되어 있는 것이 특징이다. 주식과 달리 채권 발행자는 수익의 발생여부와 상관없이 이자를 지급해야 한다.

채권의 종류

채권의 종류는 개념상 한국이나 미국이나 별 차이가 없고 한국의 채권이 미국의 채권 형태를 따라가는 경우가 많으므로, 여기서는 일반적인 형태를 중심으로 알아보자. 채권의 종류들을 구태여 외울 필요는 없다. 쭉 읽으면서 이해하고 넘어가면 된다.

1) 정부채

중앙정부가 발행하는 채권이다. 국가가 부도날 확률은 상당히 낮으므로 가장 신용도가 높은 채권이다. 특히 미국 정부가 발행한 채권, 즉 미국 재무성증권^{Treasury Bill}(일명 T-Bill, 통상 만기 1년 미만의 단기증권)과 재무성채권^{Treasury Bond}(일명 T-Bond,

통상 만기 10년 이상의 장기채권)은 미국이 달러를 마음대로 발행할 수 있어 절대 부도나지 않을 것이라고 시장에서 인식하기 때문에 일반적으로 무위험 이자율 채권으로 간주된다.

2) 지방자치단체 채권

연방정부가 아닌 주정부가 발행하는 채권으로서, 미국에서는 '뮤니^{Muni}'(Municipal에서 유래)라고 부른다. 주정부별로 차이가 있지만 세금 감면이란 특징이 있다. 한국에서는 지방채라고 한다.

3) 회사채

일반 회사가 발행하는 채권이다. 현대자동차 회사채, 삼성전자 회사채, LG전자 회사채, SK텔레콤 회사채 등이 이에 속한다.

이 외에도 개발도상국(특히 중남미) 정부가 미국 재무성증권을 담보로 발행하는 브래디 채권^{Brady Bond}, 저당을 이용한 저당담보부채권^{MBS, Mortgage Backed Securities}, 저당담보부채권의 좀 더 일반적인 형태인 자산담보부채권^{ABS, Asset Backed Securities} 등이 있다.

채권의 기본 상품들

채권상품도 옵션과 마찬가지로 무수히 많은 조합을 만들어낼 수 있다. 다음은 기본적인 상품의 개념을 소개한 내용인데, 이 기본

상품의 조합들로 새로운 상품이 만들어지는 경우가 허다하다.

1) 확정이자부 채권

일정 금액의 이자를 만기까지 받다가 만기에 원금을 받는 채권이다. 참고로 이자는 영어로 쿠폰[coupon]이라고 한다. 이 채권상품의 가격(P)은 미래 쿠폰들의 가격과 만기에 지급받는 액면가(원금)의 현재가치로 계산된다.

$$P = \frac{C_1}{\left(1+r\right)^1} + \frac{C_2}{\left(1+r\right)^2} + \ldots + \frac{\left(C_n + FV\right)}{\left(1+r\right)^n}$$

여기서 C_i는 i기에 받는 이자[coupon payment], r은 이자율, FV는 액면가[face value](원금)다.

2) 무이표채

만기일이 되어서야 원금과 이자가 한꺼번에 지불되는 채권이다. 즉 중도에 이자(쿠폰) 지급이 없는 채권이기 때문에 무이표채라고 한다. 예를 들어, A라는 고객이 일반 시중은행에서 1,000만 원을 빌리고 1년 후에 원금과 이자를 동시에 갚기로 약정했다면, A는 무이표채를 판 것이 되고 은행은 무이표채를 산 것이 된다. 무이표채의 가격(P)은 만기에 지불받는 원금과 이자의 현재가치로 계산된다.

$$P = \frac{\left(C_n + FV\right)}{\left(1+r\right)^n}$$

3) 연금

약정한 금액이 일정 기간 동안 계속해서 지불되는 채권이다. 확정이자부 채권과 다른 점은 액면가가 만기에 지불되지 않고 일정 기간 동안 고르게 나누어 지불된다는 것이다. A가 자동차를 36개월 할부로 구입한 후 매달 일정액씩 갚아나간다면, 이 금액 속에는 이자와 원금이 함께 들어있게 되고 이 것을 연금^{annuity}이라고 한다는 뜻이다. 미국에서는 주로 주택을 구입할 때 사용된다. 물론 우리가 통상 알고 있는 개인연금도 같은 개념이다.

4) 변동이자부 채권

시장의 이자율에 따라 이자지급이 달라지는 채권이다.

5) 구조화 채권

투자자의 취향에 맞게 개발된 '주문형' 또는 '맞춤형' 채권을 말한다.

6) 옵션이 내재된 채권

옵션이 내재된 채권^{Option-embedded Bond}이란 채권 고유 특징 외에 '옵션'이 포함된 채권을 말한다. 이와 반대로, 위에서 언급된 채권들은 옵션이 내재되어 있지 않은 채권이기 때문에 '옵션이 없는 채권^{Option-free Bond}'이라고도 한다. 콜가능채권^{Callable bond}과 풋가능채권^{Puttable bond}이 있다.

- **콜가능채권**: 채권 발행자가 나중에 시장 상황이 자신에게 유리하게 되었을 경우 '되살 수 있는 권리'가 주어지는 채

권이다. 여기서 콜^{call}이란 앞에서 설명했듯이, '사다'라는 뜻이다. 콜가능채권은 되살 수 있는 권리만큼을 발행자가 부담해야 하므로, 콜 권리가 없는 일반 채권보다 낮은 가격에 거래된다. 발행자가 투자자로부터 옵션을 산 것과 같으므로, 채권가격은 다음과 같이 계산된다.

콜가능채권 가격 = 옵션이 없는 채권 – 콜 가격

- **풋가능채권**: 채권 투자자가 나중에 시장 상황에 따라 '발행자에게 약정된 가격에 되팔 수 있는 권리'가 있는 채권이다. 이 경우에는 콜가능채권과는 반대로 옵션이 없는 채권보다 비싸진다.

풋가능채권 가격 = 옵션이 없는 채권 + 풋 가격

7) 전환사채

전환사채$^{Convertible Bond}$는 경제신문에 자주 등장하는 용어다. 일정 기간이 지나면 채권 투자자의 청구가 있을 때 미리 정해진 조건(전환가격, 전환기간 등)대로 발행회사의 주식으로 바꿀 수 있는 권리가 부여된 채권이다. 따라서 전환하기 전에는 이자를 받는 회사채와 유사하지만, 전환 이후에는 주식으로 전환되므로 이자와 원금을 받는 채권의 성격은 잃어버리고 일반 주식으로 형태가 변한다.

즉 주가가 오를 경우에는 전환권을 행사(전환기간 동안만 가능)해 주가 상승에 따른 시세차익을 얻을 수 있고, 그렇지 않은 경우에도 채권 보유에 따른 확정 이자수익을 보장받을 수 있는 것이다. 반면 기업의 입장에서 보면 재무구조 개선 효과와 낮은 금리[2]로 안정적인 장기자금을 조달할 수 있다는 장점이 있다.

참고로 대부분의 경우 전환사채는 콜가능채권의 성격을 갖고 있는데, 이는 기업issuer이 일정한 가격에 전환사채CB를 되살 수 있다는 것을 뜻한다. 즉 기업 입장에서는 낮은 가격에 채권을 발행하고, 주가가 급등해 일정 가격(행사가격)을 넘거나 넘을 것으로 예상되면 전환사채를 다시 사들여Buyback 회사의 이익을 보전할 수 있다. 이때 투자자는 채권을 주식으로 전환하거나 되파는 것 중에서 한 가지를 선택해야 한다.

전환사채 투자 시 유의해야 할 사항이 있는데, 발행회사의 재무 상황을 반드시 점검해야 한다는 것이다. 회사의 신용도는 전환사채의 가치를 평가하는 데 아주 중요한 요소다. 만약 회사가 부도나면 아무리 예상 수익률이 높아도 전환사채는 휴지 조각이 되어버린다는 사실을 명심해야 한다.

전환사채는 주식으로 전환할 수 있는 장점과 채권의 안정적인 수익을 보장받는 요소를 모두 가지고 있기 때문에 일반 채권보다 수익률이 낮다. 동일한 신용도를 갖고 있는 일반 채권의 시장 가격과 전환사채 가격 간의 차이를 부채 프리미엄이라 하고, 지금 당장 전환사채를 주식화했을 경우의 가치와 현 주가의 차이를 전환 프리미엄이라고 한다(물론 현재 주

---

2 주식전환권을 채권매수자에게 끼워 파는 격이므로 지급이자는 시장이자율보다 낮게 형성된다.

가가 높을 것이다).

전환사채를 매입할 경우에는 전환사채의 가격이 만기, 발행
회사의 주가 등에 따라 다르게 형성되므로, 채권으로서의 가
치와 주식으로서의 가치를 나누어 따져본 후 적정가격을 산
출하고 매입여부를 결정하는 것이 중요하다.

8) 영구채

영구채^{perpetuity}란 영구히 일정액이 지불되는 채권을 말한다.
평생 동안 지급받는 연금이 이에 해당한다. 앞에서 설명했듯
이, 영구채 발행은 재무건전성과의 깊은 관련성을 가지므로
두산 인프라코어가 5억 달러의 영구채를 발행했을 때 금융
시장에서 뜨거운 이슈가 되었다.

채권가격은 어떻게 정해지는가

무수히 많은 '하이브리드^{hybrid}' 채권이 존재하지만, 모든 채권은 결
국 IFRS가 정의한 부채의 개념과 같다. IFRS 기준에서 부채는 방금
전 살펴봤듯이, '과거에 발생했으며 경제적 효익을 갖는 자원이 기
업으로부터 유출될 것으로 기대되는 현재의 의무'로 정의된다. 쉽
게 풀어 쓰면, 과거에 돈을 빌리고 빌린 내역 때문에 미래에 갚아야
할 돈의 합계가 곧 부채다. 즉 부채 또는 채권의 가격은 미래에 받
게 될 금액이 현재가치로는 얼마인지라는 단순한 개념으로 정리할
수 있다. 이렇게 미래의 현금 흐름에 대한 현재가치를 구하는 방법

을 순현재가치법^{NPV, Net Present Value}이라 하고 다음과 같이 계산한다.

$$P = \frac{C_1}{(1+r)^1} + \frac{C_2}{(1+r)^2} + \ldots + \frac{(C_n + FV)}{(1+r)^n}$$

위 수식은 모든 할인율(r)이 동일한 이자율(r)로 구성되어 있다. 즉 미래의 모든 현금 흐름이 현재 시장에서 거래되는 이자율로 할인되는 것이다.

위 공식을 보면 다음 그래프와 같이 채권의 가격(P)과 이자율(r)은 역의 관계를 지닌다는 것을 알 수 있다. 즉 이자율이 오르면 채권가격이 낮아지고, 이자율이 내려가면 반대로 채권가격이 올라간다. 그리고 그 관계는 선형이 아니라 비선형이 된다. 그 이유는 이자율과 채권의 관계가 $P = \frac{C}{(1+r)}$ 형태이기 때문이다. 여기서 P는 채권가격, C는 이자 또는 액면가, r은 이자율을 의미한다.

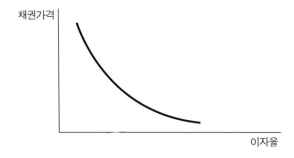

채권에서 가장 중요한 것 중 하나는 '내가 빌려준 돈에 이자까지 쳐서 언제까지 다 받을 수 있는가'다. 아니면 '내가 빌린 돈을

언제까지 다 갚아야 하는가'일 것이다. 일반적으로는 만기가 언제인지만 알면 되는데, 채권을 이용한 '거래'를 하기 위해서는 듀레이션duration이라는 개념을 알아둬야 한다. 사실 우리나라에서는 실무에서 특정 채권의 듀레이션이 얼마인지를 물어보면 그냥 만기가 언제인지를 물어보는 것으로 이해하고 만기를 알려준다. 하지만 이것은 분명 잘못된 커뮤니케이션이다. 외국 은행 또는 비즈니스 파트너들과 소통할 때에는 듀레이션을 반드시 제대로 알고 있어야 혼동이 없다. 실제로 해외에서 금융상품을 공동 개발하는 프로젝트를 진행한 적이 있었는데, 한국 직원들이 듀레이션을 만기와 혼동해 쓰는 바람에 상당한 커뮤니케이션 에러가 생길 뻔한 적이 있었다.

듀레이션을 정확히 이해하자

듀레이션은 만기가 아니다. 예를 들어, 3년 만기 채권의 연간 이자가 10달러이고 액면가가 100달러라면, 이 채권을 샀을 경우 '평균 회수 기간'이 듀레이션이다. 만기가 3년이므로 3년보다 작거나 같아야 하는데, 1년 후와 2년 후에 각각 10달러씩 이자를 받기 때문에 '평균' 기간은 3년 미만이 될 것이다. 만약 만기 전에는 이자가 전혀 지급되지 않는 3년 만기 무이표채인 경우라면 듀레이션은 만기와 일치하는 3년이 된다.

듀레이션은 사실 두 가지 의미로 쓰인다. 첫째, 앞에서 언급했듯이 만기까지 현금 흐름의 가중평균 기간이다. 둘째, 이자율 변동에 따른 채권가격의 민감도를 의미한다. 수학적으로 표현하면, 아래 그래프와 같이 접선의 기울기가 듀레이션이다. 즉 '듀레이션이 크다.'라는 의미는 '이자율 변동에 따라 채권가격이 민감하게 반응한다.'는 의미가 된다.

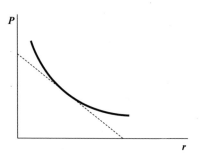

누군가가 듀레이션이 얼마인지를 물어본다면, 반드시 기간을 의미하는지 가격 민감도를 의미하는지 되물어봐야 한다.

이자율 기간구조

이쯤 되면 채권가격을 결정하는 데 가장 중요한 변수가 이자율이라는 것을 쉽게 이해할 수 있다. 그런데 그 중요한 이자율이 지금까지는 만기까지 일정하다고 가정했다. 이자율도 주가와 마찬가지로 매일 바뀌는데, 어떻게 현재의 이자율이 미래에도 계속 적용된다고 보고 가격을 매길 수 있을까? 물론 미래의 이자율 변화를 예측하기가 쉽지 않고, 설령 예측했다 하더라도 예측하는 사람의 관점에 따라 서로 다른 예측치를 낼 수 있기 때문에 실제로는 현재의 이자율을 미래에도 계속 적용해 사용하는 경우가 많다.

이 문제를 해결하는 방법 중 하나로서 이자율 기간구조가 있다. 간단히 말해, 이자율 기간구조는 '만기까지 이자율이 어떤 패턴으로 움직일지 보여주는 것'이다. 이자율 기간구조를 알기 위해서는 먼저 만기이자율^{Yield to Maturity} 개념을 알아야 하는데, 만기이자율은 내부이자율^{IRR, Internal Rate of Return}과 동일한 개념이라고 보면 된다. 미래의 현금 흐름과 현재 그 상품가격 간의 관계를 통해 계산되는 이자율이다. 수식으로 표현하면 다음과 같다. 여기서 r이 만기이자율이다.

$$P = \frac{C_1}{(1+r)^1} + \frac{C_2}{(1+r)^2} + \ldots + \frac{(C_n + FV)}{(1+r)^n}$$

이자율 기간구조를 가장 쉽게 정의한다면, 만기가 되어서야 원금과 이자를 한꺼번에 주는 채권(무이표채)의 만기이자율이다. 예를 들어, 1년, 2년, 3년 만기 무이표채의 이자율이 각각 5%, 6%, 7%라고 하면, 이 5%, 6%, 7%로 이루어진 패턴을 이자율 기간구조라고 한다. 여기서 이자를 지급하는 확정이자부 채권 대신에 이자를 지급하지 않는 무이표채를 쓰는 이유는 다양한 채권들이 다양한 종류의 이자를 지급하기 때문에 기준을 단순하게 통일하기 위해서다.

이자율 기간구조는 어떤 형태를 띨까

만기까지 이자율이 변하는 형태를 나타내는 이자율 기간구조는 채권상품에 따라 다음과 같이 여러 형태로 나타날 수 있다.

가장 일반적이고 정상적인 형태는 만기가 길수록 이자율이 올라가는 형태다. 실제로 이것이 맞든 틀리든 시장은 그러길 바란다고 봐도 무방하다. 만약 지금 어딘가에 투자하는 것이 채권에 장기 투자하는 것보다 수익률이 좋다면 채권에 투자할 리가 없기 때문이다. 또한 미래는 불확실하기 때문에 이 불확실성에 대한 프리미엄이 이자율에 포함되어야 하는데, 이것도 역시 장기 이자율이 단기 이자율보다 높다고 가정하는 타당한 이유가 된다.

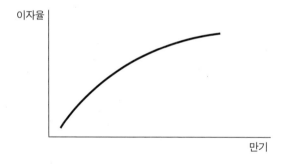

그런데 가끔은 이자율이 전혀 반대로 움직이는 경우가 있다. 장기 이자율이 단기 이자율보다 더 낮은 경우가 발생하는 것이다(장단기 금리 역전 현상). 미래에 경기가 침체할 것으로 예상하는 경우가 특히 그렇다. 경기가 어려워지면 기업들의 투자가 위축되어 자연히 자금 수요가 줄게 되고(즉 채권 발행이 줄어들어서) 금리는 하락하게 된다. 이렇게 장기 이자율이 단기 이자율보다 낮게 형성될 경우 경기침체를 정확히 예측할 수 있다는 논문도 있다. 미국 연방준비제도이사회^{FRB}도 장기 이자율이 단기 이자율보다 낮으면 의미 있는 경기후퇴 징조로 판단하고 있다. 수요공급의 법칙 측면에서도 경기가 침체할 것으로 예상되면 주식보다는 안전한 채권에 투자하려는 성향이 강해지고, 장기 채권에 대한 수요초과가 발생하면서 장기 이자율은 낮아진다.

때때로 시장은 그렇게 쉽게 설명되지 않는 경우도 있다. 다음과 같이 중기 이자율은 높은데, 장기 이자율은 오히려 낮아지는 이상한 형태가 나타나기도 한다. 중간에 경기 변동이 있을 것으로 예상되는 경우에 이와 같은 형태가 발생한다.

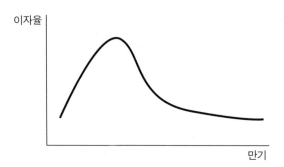

마지막으로 도무지 경기가 어떻게 될지 모를 때에는 아래와 같이 단기 이자율과 장기 이자율이 같은 형태가 나타나기도 한다.

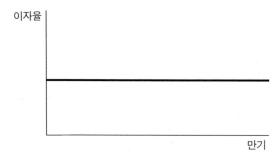

그렇다면 여러 가지 형태로 나타날 수 있는 이자율을 도대체 어떤 이론을 근거로 예측할 것인가?

1) 기대 이론

1896년에 피셔가 제안한 이론으로서 미래의 이자율은 투자자들의 기대에 근거한다는 이론이다. 현재 이자율 기간구조가 우하향 형태라면, 투자자들은 현재의 이자율이 과도하게 높게 형성되어 있고 미래에는 이자율이 하락할 것이라고 기대한다는 것이다. 반대로, 현재 이자율 기간구조가 우상향 곡선 형태(정상적인 형태의 이자율 기간구조)라면 투자자들은 현재의 이자율이 과도하게 낮게 형성돼 있으므로 미래에는 이자율이 상승할 것이라고 기대한다는 것이다.

2) 시장 세분화 이론

1957년 컬버트슨이 제안했다. 이자율의 형태는 수요와 공급에 의존한다는 이론이다. 장기 대출을 필요로 하는 사람이 많으면 만기가 긴 채권의 수익률(이자율)이 높아지고, 단기 대출을 필요로 하는 사람이 많으면 만기가 짧은 채권의 수익률(이자율)이 높아진다는 것이다.

3) 유동성 선호 이론

1939년 힉스가 제안한 이론으로서, 단기 채권의 경우 유동성이 풍부해 투자자들이 낮은 이자율(수익률)을 감수한다는 이론이다.

4) 헤징 압박 이론

헤징^{hedging} 압박 이론은 유동성 선호 이론과 반대되는 이론이다. 장기 이자율은 만기까지 이자율을 고정시키기 때문에 시장 상황의 변화에 관계없이 안정적인 수익을 얻을 수 있어서 장기 이자율이 더 낮아야 한다는 이론이다.

읽다 보면 도대체 뭐하자는 것인지 궁금해하는 독자들도 있을 것이다. 이자율이 이럴 수도 있고 저럴 수도 있다면, 아무것도 모른다는 것과 무슨 차이가 있는지 항변할 수도 있겠다. 이것은 아마도 자연과학과 사회과학의 차이에서 비롯되는 것 같다. 자연과학에서는 대부분 닫힌 해(즉 방정식으로 풀면 답이 딱 나오는 것)가 존재하지만, 사회과학에서는 유일한 정답이 없다. 다만, 현상을 가장 논리적이고 합리적으로 설명할 수 있는 이론만 존재할 뿐이다. 인류 논리학의 아버지라 불리는 아리스토텔레스에 비유되면서 20세기 과학적, 철학적 사고에 지대한 영향을 끼친 오스트리아계 미국인 수학자 쿠르트 괴델Kurt Godel은 어떤 모델도 (자연과학을 포함해서) 실제를 완벽히 묘사하는 것일 뿐 '참'이지 않다는 것을 증명하기도 했다.

2013년 노벨경제학상은 이런 사회과학의 특성을 가장 잘 반영한 사건이 아닐까 싶다. 2008년 글로벌 금융위기로 금융공학이 위기의 주범이라는 비판이 쏟아지는 와중에 1997년 이후 처음으로 재무 분야, 즉 금융공학 분야에서 노벨경제학상 수상자가 나온 것도 의미 있지만, 효율적 시장가설의 창시자로서 '투자자들은 합리적이며 시장가격은 모든 입수 가능한 정보를 반영하고 있기 때문에 미래는 아무도 예측할 수 없다.'는 유진 파마Eugene Fama 시카고대 교수와 인간의 비합리적 충동이 금융시장에 미치는 영향을 분석하고 미국 주택시장의 붕괴를 예견한 로버트 쉴러Robert Shiller 예일대 교수, 그리고 불확실성과 리스크를 구분해서 접근해야 한다는 라스 피터 핸슨Lars Peter Hansen 시카고대 교수가 시장에 대해 완전히 다른 입장을 주장함에도 불구하고 공동 수상자가 된 사실은 노벨위원회가 사회과학, 특히 경제학의 고유한 특성을 인정한 결과라고 여겨진다.

재미있는 사실은 2008년 금융위기를, 위 세 사람의 전혀 다른 이론을 기반으로 풀어내더라도 결과가 대동소이하다는 사실이다. 로버트 쉴러는 미국 주택시장의 거품이 최고조에 달했던 2005년 '케이스-쉴러 주택 가격 지수'를 통해 거품을 경고했다. 일반인들에게 잘 알려진 그의 저서 『비이성적 과열Irrational Exuberance』에서도 인간이 이성적, 합리적 주체라는 사실에 의문을 제기하면서 인간의 비이성적 행동을 금융위기의 주범으로 지적했다.

반면 효율적 시장가설에 기반을 둔 유진 파마 계열의 학자들은 글로벌 금융위기를 시장에 내재된 체계적 위험으로 설명한다. 물론 시장에는 위험의 징조를 발견하지 못하고 비이성적으로 행동하는 '바보'들과 위험의 징조를 발견했음에도 불구하고 이를 악용한 '악당'들이 존재하지만, 글로벌 금융 위기의 중요한 요인으로서 인간의 심리적 행동과 관계없는 구조적인 상호작용을 설명한다. 이들은 미국 주택소유자들이 시스템상 노출되었던 위험을 계산해서, 당시 금융모델로 예측한 자산가치 손실과 실제 발생 손실이 거의 일치하는 것을 증명했다. 주제가 약간 벗어난 느낌이지만, 단 하나의 값만 존재하지 않는다는 것이 사회과학이 갖는 매력이 아닐까 싶다.

8장

VAR이 대체 뭐야?
금융 리스크 관리

금융거래를 하는 기업이나 개인이 가장 알고 싶어 하는 것은 얼마나 많은 수익을 낼 수 있는지와 더불어 자신들의 거래가 얼마만큼의 '리스크risk'에 노출되어 있는지다. 1995년 베어링 은행에 13억 달러의 손실을 입힌 니콜라스 리슨Nicholas Leeson의 경우[1]나, JP 모건JP Morgan과의 파생상품 거래로 2,600억 원의 손실을 입은 다이아몬드 펀드 사건[2] 등도 철저한 리스크 관리가 병행되었다면 막을 수 있었던 재앙이었다.

리스크 관리 방법 중에서 가장 잘 알려진 지표는 VARValue At Risk 이다. VAR을 처음 쓰기 시작한 기업은 JP 모건이었는데, 1980년대

---

1 결국 베어링사(Barings PLC)는 리슨(Leeson)이 초래한 손실로 인해 ING 그룹에 1파운드에 매각되는 수모를 당하게 된다. 3장, '역사에서 배운다: 세상을 뒤흔든 파생상품 거래' 참조.
2 SK증권, 한남투자신탁, LG금속 등 3개 사가 해외에 설립한 역외펀드인 다이아몬드 펀드가 인도네시아 루피화 채권에 투자하면서 JP 모건과 체결한 파생상품 거래로 인해, 아시아 금융위기 때 2,600억 원의 손실을 입은 사건이다.

후반부터 VAR 기법을 이용하던 JP 모건은 1994년 연례 보고서에서 고객들에게 자사의 거래내역에 대한 위험 정도를 한 번에 알아볼 수 있도록 하는 방법으로서 VAR을 공식화했고, 지금은 거의 대부분의 투자은행 경영층이 매일 밤 사이에 컴퓨터로 자동 계산된 VAR을 보고받을 정도로 각광받고 있다.

리스크 관리 핵심지표 VAR

10여 년 전 어떤 글로벌 자동차 기업의 신차 발표회에서 있었던 일이다. 당시 상품개발 전문가들은 신제품의 특징을 장황하게 설명하기 시작했다. 앞범퍼에서 뒷범퍼까지 총 길이가 어떻고, 앞바퀴 축간 거리는 어떻고, 공기저항계수는 몇인지 등 일반인들은 들어도 잘 모르는 전문용어들이 수도 없이 나왔다. 사실상 너무 많은 정보 때문에 정작 손에 잡히는 정보를 이해하는 기자는 많지 않아 보였다. 이때 한 기자가 질문했다. "대부분의 차들이 높이나 길이, 축간거리 등이 엇비슷한데, 그냥 간단하게 한마디로 표현할 수 있는 방법은 없나요?"

이 질문을 던진 기자는 현장에서 비록 자동차 문외한이라는 평가를 받았을지 모르나, 당시 상품을 개발했던 담당자들은 이 예리한 질문에 대해 고민하기 시작했고, 모든 자동차는 앞바퀴와 뒷바퀴 중심 간의 거리를 나타내는 축간거리와 자동차 중량만 알고 있으면 대부분의 정보를 완벽하게 표현할 수 있다는 사실을 알게 되었다. 이후 이 두 가지 정보를 가장 중요한 커뮤니케이션 항목으로 지정했다고 한다. 이와 유사하게 금융에서도 JP 모건이 리스크를 표현하는 수만 가지 방법 중에서 '표준편차'가 의미 있는 정보를 제공해준다는 사실에 착안해 VAR을 만들어냈다.

VAR이란 '정해진 신뢰수준하에서 나타날 수 있는 최대 손실'로 정의된다. 다른 말로 표현하자면, '앞으로 X일 동안 V원 이상의 손실이 발생하지 않을 것이라고 XX퍼센트의 확률로 기대한다.'라고 표현할 수 있다. 예를 들어, 100만 달러를 투자한 사람에게 "당신의 투자는 앞으로 한 달 동안 99%의 확률로 5만 달러 이상의 손실이 발생하지는 않을 것입니다."라고 말하는 식이다. 이 말은 실제로 이 투자자의 손실이 절대로 5만 달러 이상 발생하지 않는다는 것을 의미하지는 않는다. 확률적으로 그 이상의 손실이 발생할 가능성이 1%에 불과하다는 의미인 것이다.

1억 원을 삼성전자 주식에 투자한 사람이 있다고 가정하자. 만일 이 투자자가 바로 다음날 얼마만큼 손실에 노출됐는지 알고 싶다고 한다면, 어떻게 답할 수 있을까?

우선 삼성전자의 주가 흐름을 파악해야 할 것이다. 주가 자체는 로그정규분포를 따르고(즉 제로^{zero} 이하의 주가가 발생하지 않음), 주가수익률은 정규분포를 따른다고 가정한다. 즉 평균을 중심으로 +, - 수익률이 랜덤하게 나타난다. 이런 가정하에 주가수익률 그래프를 그려서 하루에 얼마만큼의 손실을 입을 수 있는지에 대한 확률을 구할 수 있다.

실제로 특정 기간을 정해 확인해본 결과, 240개의 관찰치들로부터 -5% 이상의 수익률을 기록한 횟수는 총 여덟 번이었다. 마찬가지로 -4.5% 이상의 손실 기록 횟수, -4% 이상의 손실 기록 횟수를 차례로 구할 수 있다. 총 240개의 관찰치 가운데 99%에 속하는 관찰치인 237개가 -6% 이하의 손실 또는 이익을 보는 것으로 나타났고, 세 개의 관찰치가 하위 1%의 수익률(즉 -7% 이상의 손실)을 기록하는 것으로 나타났다. 이것을 통계적으로 표현하면, 하루 동안 볼 수 있는 손실의 최대치는 99%의 신뢰구간에서 -7%라고 한다.

이것이 바로 VAR의 핵심 내용이다. 즉 삼성전자에 1억 원을 투자한 경우, 하루 동안 볼 수 있는 손실의 확률은 99%의 신뢰구간 하에서 -7%(즉 700만 원)이며, 이를 '99%의 신뢰구간하에서 VAR이 700만 원'이라고 표현한다.

P&G, 리스크 관리와 VAR에 무지한 직관적 결정이 부른 화근

1993년 BT^{Bankers Trust}은행은 현금관리 차원에서 고정금리를 받고 싶어 하던 P&G^{Procter & Gamble}에 아주 '매력적인' 이자율 스왑거래를 제안했다. 원금 2억 달러 대상으로 P&G가 미국 상업어음(CP) 이자율에서 0.75%를 빼고 약간의 스프레드만 얹어서 BT 은행에 지불하면(변동금리 지급), 5.3%의 고정 이자율을 5년 동안 안정적으로 받을 수 있는(고정금리 수취) 거래 조건이었다. 물론 채권가격이 급락할 경우에는 이를 보상해주는 풋옵션을 P&G가 제공해야 하는

조건이었다. 제안 당시 금리 하락이 지속되는 상황이었기에 당연히 변동금리를 지급하고 고정금리를 받는 것이 유리하다고 판단했고, 상업어음의 공정가격이 5.3%였고 BT가 풋옵션을 행사할 수 있는 가격이 한참 낮은 수준이었기 때문에 P&G는 그야말로 앉아서 돈을 버는 조건이라고 생각했다. 지불해야 하는 이자율은 '상업어음 이자율 - 0.75% + 거의 무시해도 좋을 만한 스프레드'인 반면, 지급받는 이자율은 5.3%의 고정금리였기 때문에, 현금 흐름 측면에서 본다면 0.75%의 이자율은 앉아서 챙기는 돈처럼 보였다.

아마도 추론컨대, 이 거래 조건을 제안받았을 당시 P&G는 재무 전문가들 간의 '심도 있는' 회의를 통해 다음과 같은 결론을 내렸을 것으로 예상된다.

1) 상업어음의 시장 가격은 5.3%로서 오를 수도 있고 내릴 수도 있다. 미래의 이자율 등락은 아무도 모르기 때문에 현재 이자율이 계속 유지되는 것으로 가정하는 것이 합리적이다.

2) 스프레드는 현재 기준에서 거의 무시할 만한 수준이고 5년 정부채와 30년 정부채 이자율이 서로 상쇄되는 구조이기 때문에, 향후 변동성도 상쇄될 것으로 보는 편이 합리적이다. 즉 무시해도 되는 수준이다.

3) 풋옵션을 행사할 수 있는 '한참 낮은 행사가격'을 고려할 때 0.75%의 프리미엄은 상당히 매력적이다.

4) 위 세 가지 사항을 고려할 때, 5.3%의 고정금리를 받고 '상

업어음 금리 - 0.75% + 스프레드'를 지불하는 거래는 P&G 의 현금 흐름 관리에 의미 있는 기여를 할 것이다.

위와 같은 의사결정은 효율적 시장가설 측면에서 나름대로 합리적인 결정이라고 생각할 수 있고, 이렇게 '상식적이고 합리적인' 의사결정은 실제 경영에서 자주 발생한다. 현실은 결코 내가 아는 수준의 정보만으로 결정하는 것이 항상 옳은 것은 아닌데도 말이다.

위 거래는 결과적으로 P&G에 1억 5,000만 달러가 넘는 손실을 입혔다. 미 연방준비제도이사회(FRB)가 1993년 후반부터 긴축을 위해 수차례 기준금리를 인상하면서 장단기 금리 모두 상승세로 돌아서자, P&G가 BT에 지급해야 할 변동금리가 P&G가 BT로부터 받아야 할 고정금리 보다 높아졌기 때문이었다. P&G는 BT를 금융사기 혐의로 미국 연방법원에 손해배상소송을 제소했고, 결국 BT는 P&G에 전체 손실액 중 3,500만 달러를 부담하는 조건으로 합의했다. 아쉽게도 당시 P&G에는 적절한 리스크 관리 툴이 없었다. 단순히 VAR 계산만 했었더라도 P&G 경영층은 위 거래를 승인하지 않았을 것이다. 물론 VAR이라는 것이 단 하나의 거래만 가지고 분석하고자 만들어진 것이 아니므로 좀 더 체계적인 접근이 필요하긴 했지만 말이다. P&G는 위 거래에 대해 리스크 측면보다는 현금 흐름 측면에 중점을 두고 의사결정하는 바람에 값비싼 대가를 치른 셈이 되었다.

많은 서적과 논문이 P&G 사례를 리스크 관리 측면에서 VAR의 부재로 인해 발생한 손실 사례로 자주 언급한다. 그러나 굳이 리스크 관리 측면이 아니더라도 P&G가 위 거래를 승인하지 말아야 할 논리를 왜 합리적으로 생각하지 못했을까 하는 의구심이 든다. 'BT가 바보가 아닐 텐데, 0.75%라는 거액을 주면서 풋옵션을 매수한 이유가 무엇인지에 대해 왜 깊이 생각하지 않았을까?', '현재는 무시할 만한 스프레드가 5년 만기 정부채와 30년 만기 정부채에 의해 변동되는데, 이 두 금리가 동시에 오를 때, 또는 하나는 오르고 하나는 내릴 때 어떤 결과를 가져올 것인지 시나리오 분석은 해봤을까?', '풋옵션의 손익분기점 금리는 어디인가?', '이자율 기간구조와 변동성은 고려해봤을까?' 등등 P&G 사례를 볼 때마다 체계적인 VAR 인프라가 없었다는 이유를 대지 않더라도, '상식적인' 파생상품 거래에 따르는 분석만 제대로 했어도 방지할 수 있었던 리스크가 아닌가 하는 아쉬움이 든다.

캘리포니아 오렌지 카운티, VAR만 썼더라도…

1994년 12월, 미국 캘리포니아 오렌지 카운티^{Orange County}는 미국 지방정부 역사상 최대 손실인 16억 달러의 투자 손실을 발표하고 즉각 파산 절차에 들어가게 된다. 당시 오렌지 카운티의 투자는 밥 시트론이 담당하고 있었는데, 그는 타 투자자들보다 무려 2%나 높은 수준의 투자수익률을 창출하고 있었다. 그의 투자 방식은 단기 이자율보다 장기 이자율이 높다는 예측하에 이루어졌는데, 일부 단체와 정치인들이 포트폴리오가 지나치게 위험하다고 경고했음에도 불구하고, 밥 시트론은 재선임되면서 승승장구하게 된다. 그러나 1994년까지 이어지던 그의 화려한 실적은 미 연방준비제도이사회가 이자율을 순차적으로 올리면서 장단기 이자율이 역전되어 결국 오렌지 카운티를 부도 상태에 이르게 만든다.

밥 시트론의 투자 방식은 낮은 이자율이 지속되거나 이자율이 떨어질 것이라는 기대하에 이루어졌다. 75억 달러의 투자금은 레버리지leverage가 205억 달러까지 커졌다. 밥 시트론은 저금리 시기에 단기 자금을 빌려 장기 채권을 매입하고, 매입한 장기 채권을 담보로 다시 단기 자금을 빌려 장기 채권을 매입하는 공격적인 레버리지 투자를 했다. 커진 레버리지는 이자율 변동에 따른 리스크 익스포저risk exposure를 급격하게 증가시켰다. 이자율이 계속 낮은 상태를 유지했다면 밥 시트론의 투자는 환상적인 수익률을 기록했을 것이다. 그러나 시장은 항상 원하는 대로 움직여주지 않는다. 우리 인생이 그렇듯이 말이다. 1994년 2월, 미 연방준비제도이사회는 여섯 번의 연속적인 이자율 인상을 단행했고, 채권시장에서는 희생자들로 인한 선혈이 낭자했다. 한쪽 방향으로 공격적 투자를 감행하던 밥 시트론도 희생자 명단에 이름을 올려야 했다. 금리가 상승하면서 매입한 장기 채권 가격이 하락하고 단기 조달금리가 오르면서 막대한 손실을 입게 된 것이다(P&G도 이 시기의 희생자였다).

VAR 기법을 투자에 활용했더라면 어떻게 됐을까? 아마도 16억 달러의 손실이 발생하기 오래 전에 위험 시그널을 확인하고 투자 방식을 바꿨을지도 모른다. 시간이 지나고 나서 하는 분석이긴 하지만, 오렌지 카운티 파산 1년 전 상황에서 VAR을 계산해보면 95%의 확률로 10억 달러 이상의 손실이 발생하는 결과가 나온다.

물론 설령 파산 1년 전에 VAR을 계산했더라도 VAR 결과에 따라 투자 방식을 바꿨을 것 같지는 않다. 기존 투자 방식에 따른 수익률이 꽤 매력적이었고, 이는 반대 방향 리스크에 대한 보상이라고 판단했을 가능성이 크다. 당시 밥 시트론은 상당히 정교한 이자율 커브를 이용해 투자를 수행했고, 오렌지 카운티 주민들은 밥 시트론의 투자 방식에 반대하던 존 물락 대신 밥 시트론을 재선시킴으로써, 그에게 무한 신뢰를 보여주던 상황에서 터진 비극이었다.

정규분포 가정을 통한 VAR 구하기

주가수익률은 정규분포를 따르므로 주가수익률의 평균과 표준편차를 알면 위와 같이 번거로운 계산을 거치지 않고도 VAR을 쉽게 구할 수 있다. 정규분포를 가정한 VAR은 다음과 같은 공식에 의해 구할 수 있다.

$$99\% \text{ 신뢰한계}[3]: 2.33 \times \text{표준편차} \times \text{투자금액}$$

$$95\% \text{ 신뢰한계}: 1.645 \times \text{표준편차} \times \text{투자금액}$$

---

3 여기서 2.33은 누적 정규분포함수표에서 하위 1%에 해당하는 누적 정규분포표의 값을 의미한다. 즉 $N(x)=0.01$이 되는 x다. 95% 신뢰한계의 1.645도 같은 방법으로 구한다.

앞에서 예로 든 삼성전자 사례로 다시 돌아가 보자. 사례에서 특정 기간 동안 삼성전자의 주가수익률 평균은 0.1%, 표준편차는 3%/일이었다.4 따라서 99% 신뢰구간에서 삼성전자 VAR은 2.33 ×0.03×100,000,000=6,990,000원으로 앞에서 수작업으로 구한 값과 거의 일치한다.

VAR은 앞으로 일어날 사건에 대해 '확률적으로' 손실을 추정해 주는 역할을 한다. 따라서 실제로는 VAR보다 더 큰 손실이 날 수도 있다. 삼성전자 사례에서도 99%의 신뢰구간하에서 최대손실이 -7%라고 추정했지만, 실제로는 세 번 -7% 이상의 손실을 기록했다. 즉 VAR은 앞으로 일어날 모든 가능성을 나타내주는 것은 아니다. 그럼에도 VAR이 리스크 관리 분야에서 획기적인 아이디어로 받아들여지고 있는 이유는 향후 일어날 리스크를 확률적이나마 금액으로 표현했기 때문이다. '확률 기반'이기 때문에 기업이 어떤 수준의 리스크를 원하든 간에 거기에 맞게 리스크 익스포저를 계산해낼 수 있다는 장점을 가지므로, VAR은 미래의 잠재적인 마켓 리스크를 관리하는 수단이 되는 것이다.

또한 VAR은 '가능한 손실을 수치화'함으로써, 이자율이든 통화스왑이든 어떤 비즈니스에 대해서도 일관되고 비교 가능한 수치를 제공한다는 장점이 있다. 특정 금융회사(또는 일반회사도 포함)가 세 개의 서로 다른 특성을 지닌 비즈니스를 운영하고 있더라도,

---

4 주가수익률의 평균은 0.1%이지만 거의 0에 가까우므로 평균은 0, 표준편차는 3%라고 해도 무방하다. VAR을 구하는 데 있어서 평균은 표준편차에 비해 영향력이 매우 미미하므로 무시하는 경우가 많다.

VAR을 통해 각 비즈니스가 내재하고 있는 리스크를 비교할 수 있게 된다.

여기서 주의해야 할 점은 VAR 계산이 자산이나 포트폴리오가 리스크 기간 동안 변하지 않는다는 가정에 근거한다는 점이다. 물론 매일매일 거래하는 파생상품 딜러들에게 이것은 큰 문제가 아니겠지만, 거래기간이 긴 상품인 경우에는 문제가 달라진다. 만약 포트폴리오의 평균 거래기간이 1년이라고 한다면, 그리고 그 포트폴리오가 매일 10%씩 구성이 변한다고 한다면, 과연 VAR을 그대로 쓸 수 있을까? VAR은 그 단순함과 명료함에서 오는 장점이 분명히 있지만, 사용하거나 해석할 때에는 어떤 한계가 있는지 신중히 따져봐야 할 것이다.

백 테스트와 스트레스 테스트

VAR을 이용해서 리스크 관리를 할 경우, VAR이 얼마나 상황을 잘 설명해주는지 살펴보기 위해 과거 데이터를 이용해 검증해볼 필요가 있는데, 이러한 방법을 백 테스트 Back Test 라고 한다. 만일 95% 신뢰구간하에서 VAR을 구했다면, 과거 일정 기간 동안 몇 번이나 95% 신뢰구간으로 구한 VAR을 넘어서는 손실을 기록했는지 체크할 수 있다. 만일 VAR을 넘어서는 손실의 횟수가 전체 분석기간의 1% 내외라면 VAR이 상황을 잘 설명하고 있다고 볼 수 있을 것이다. 반면 전체 분석기간의 10% 수준이 VAR을 넘는 손실을 기록했다면, 95% 신뢰구간으로 구한 VAR을 신뢰하기는 힘들 것이다.

또한 VAR을 이용해 리스크 관리를 할 경우, 극단적인 상황을 염두에 둘 필요가 있다. VAR의 목적은 정상적인 시장 상황에서 일어날 수 있는 잠재적 손실을 분석하는 것이다. 실제로 VAR은 대부분의 정상적인 상황하에서 발생하는 손실을 잘 설명해주지만, 아주 불규칙적이고 단 한 번에 큰 손실을 안겨줄 수 있는 극한 상황을 커버하기에는 한계가 있다. 예를 들어 1987년 블랙 먼데이나 2001년 9.11 테러 사건에 의한 증시의 급락을 VAR로 커버하는 데는 한계가 따른다. 이런 극단적인 상황에 대비하기 위해 VAR을 보완해주는 방법을 스트레스 테스트$^{Stress Test}$라고 한다.

스트레스 테스트는 리스크 관리자의 직관이나 경험에 비춰 미래에 발생할지도 모르는 상황에 대해 시나리오를 구성하거나 스트레스 모델을 구축함으로써 시현할 수 있다. 반면 스트레스 테스트의 단점으로는 방법론 자체가 지극히 주관적이라는 점을 꼽을 수 있다. 별로 일어날 것 같지 않은 상황들이 리스크 관리자들에 의해 과도하게 포장되어 반드시 대비해야 하는 위험으로 부각될 수도 있기 때문에 합리적인 설명이 결여될 수도 있다는 것이 문제다. 따라서 스트레스 테스트는 VAR을 보완하는 수단으로서의 역할에 충실하도록 구성되어야 할 것이다.

제2부에서는 선물과 옵션, 스왑, 채권 등의 다양한 금융상품에 대해 알아보고, 정해진 신뢰수준 하에서 나타날 수 있는 최대 손실인 VAR$^{Value at Risk}$에 대해서도 살펴보았다. 수식을 거의 사용하지 않

고 국내외의 여러 사례를 들어 말로 풀어서 설명했기 때문에, 내용을 이해하는 데 큰 어려움은 없었을 것이다. 금융공학을 전공하거나 금융공학으로 먹고 살려는 독자가 아니라면, 사실 제2부까지의 내용만 숙지하고 있어도 더 이상 금융공학에 대해 공부할 필요는 없을 것 같다. 하지만 금융공학을 꼭 공부해야만 하는 독자나 금융공학에 대해 좀 더 알아보고 싶은 지적 도전의식과 호기심이 있는 독자라면 제3부로 넘어가 보길 권한다. 제3부의 내용은 다소 어려울 수도 있는데, 그래도 인내심을 가지고 직관적인 이해를 목표로 읽는다면, 그리 어렵지 않다는 느낌이 들 것이다. 그런데도 너무 어렵다면, 제1부와 제2부를 다시 한번 읽고 이 책을 마무리하는 것도 좋은 방법이다. 그럼 중간에 포기해도 괜찮다는 홀가분한 마음을 가지고 금융공학을 좀 더 자세히 들여다보자.

제3부

금융공학 좀 더 들여다보기

9장

금융공학에 필요한 확률과 통계
이항분포, 정규분포, 브라운 운동

몇 년 전 경기도에 있는 어느 수학체험관에 갔을 때였다. 이항분포 실험기 앞에서 초등학생으로 보이는 아이와 그 아이의 아빠가 구슬을 넣고 있었다. 아빠는 구슬을 무한히 넣으면 종 모양이 된다는 것을 호기심 많은 아이에게 설명해주고 있었다. 이때 아이가 신기해하면서 아빠에게 물었다.

아이: "그런데 아빠, 왜 가운데 쪽에 구슬이 더 많이 모이는 거야?"

아빠: "그건 말이다, 이렇게 구슬을 넣으면…. (횡설수설) 엄마가 부른다. 빨리 가자."

아이: "신기하네. 왜 그럴까…."

아이는 계속 뒤를 쳐다보며 아빠 손에 이끌려 엄마가 있는 쪽으로 사라졌다.

◀ 이항분포 실험기

대부분의 사람들은 정규분포가 종 모양(또는 좌우가 대칭인 산 모양)처럼 생긴 분포함수라는 것과 무수히 많은 실험을 하게 되면 결국 종 모양의 정규분포를 따른다는 것쯤은 다 안다. 그런데 왜 그런 모양이 되는지에 대해서는 대부분 "그냥 그렇게 생겨먹은 거야."라는 수준으로밖에 설명하지 못한다.

사실 수학체험관에 있는 놀이들만 완벽하게 이해한다면 실생활이든 학문적 연구든 더 이상의 수학이나 통계학 기초 공부는 필요없다. 수학체험관의 한 귀퉁이에 멋있게 만들어놓은 이항분포 실험기만 제대로 이해한다면, 이미 금융공학을 이해할 수 있는 충분한 기초통계학 지식을 갖춘 셈이다. 금융공학에 필요한 모든 확률분포함수, 즉 베르누이 시행부터 브라운 운동까지 모든 개념은 이항분포 실험기에서부터 시작된다.

분포함수의 시작, 베르누이 시행

베르누이 시행은 결과값이 딱 두 가지만 존재한다. 앞서 얘기한 수학체험관의 이항분포 실험기에서 보는 경우다. 예를 들어, 동전을 던지면 앞면이나 뒷면 둘 중에 하나가 나오는 것이 대표적인 베르누이 시행이다. 동전 던지기의 경우 앞면이 나올 확률은 1/2, 뒷면이 나올 확률도 1/2이다. 일반적으로 사건 a가 발생할 확률은 p, 사건 a가 발생하지 않을 확률은 $1-p$라고 표현한다.

베르누이 시행을 여러 차례 반복한 이항분포

이항분포 실험기처럼 베르누이 시행을 여러 번(유식하게 표현하면 n 번) 시행해서 생성되는 확률분포를 이항분포라고 한다. 앞에서 초등학생 아이가 궁금해했던 구슬이 가운데 모이는 이유를 설명하면 다음과 같다. 갈림길이 네 번 나오는 이항분포 실험기가 있다고 가정해보자.

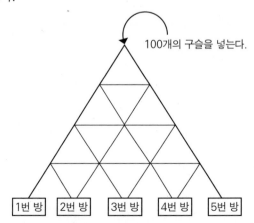

위 이항분포 실험기에 100개의 구슬을 넣는 경우를 생각해보자. 왼쪽과 오른쪽 중에서 어느 쪽으로 가든지 확률은 1/2이라고 하자. 맨 밑의 각 방에 구슬이 들어갈 확률은 다음과 같다. 우선 1번 방은 다음의 두꺼운 실선과 같이 한 가지 경우의 수밖에 가지지 않는다.

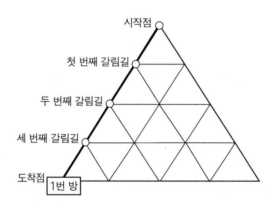

즉, 시작점에서 구슬이 왼쪽으로 흐를 확률과 오른쪽으로 흐를 확률이 같기 때문에, 왼쪽으로 흐를 확률은 $\frac{1}{2}$이 된다. 첫 번째 갈림길에서는 시작점에서 왼쪽으로 흐른 구슬 중에서 역시 $\frac{1}{2}$만 통과된다. 두 번째와 세 번째 갈림길도 같은 확률이 적용된다. 결국 도착점까지 도달한 구슬은 총 100개 중에서

$$100 \times \frac{1}{2} \times \frac{1}{2} \times \frac{1}{2} \times \frac{1}{2} = 6.25 \,\text{개가 된다.}$$

2번 방에 도달하는 경우의 수는 다음의 굵은 실선처럼 네 가지가 나온다.

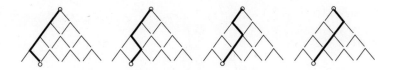

각 굵은 실선은 구슬이 1번 방에 들어갈 확률처럼 $\frac{1}{16}$ 이므로 2번 방에 들어갈 구슬의 수는 확률적으로

$$100 \times \left(\frac{1}{16} + \frac{1}{16} + \frac{1}{16} + \frac{1}{16} \right) = 25 \text{ 개가 된다.}$$

같은 방법으로 3번 방에 도달하는 경우의 수는 총 여섯 가지가 나온다.

역시 각각의 실선들을 통과해 목적지에 도달할 확률은 $\frac{1}{16}$ 이므로 3번 방에 들어갈 구슬의 수는

$$100 \times \left(\frac{1}{16} + \frac{1}{16} + \frac{1}{16} + \frac{1}{16} + \frac{1}{16} + \frac{1}{16} \right) = 37.5 \text{개가 된다.}$$

4번 방과 5번 방은 2번 방, 1번 방과 좌우 대칭이므로 각각 25개와 6.25개의 구슬이 들어가게 된다. 이것을 히스토그램으로 그려보면 다음과 같은 형태가 된다.

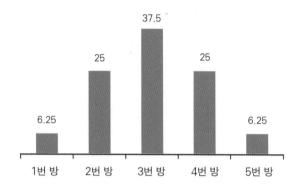

이항분포와 정규분포

이항분포와 정규분포의 관계는 간단하다. 이항분포를 따르는 확률변수가 있을때 시행 횟수가 무한히 반복되면, 이항분포 확률변수의 평균은 다음과 같은 종 모양의 정규분포를 따른다.

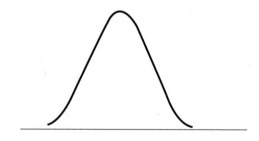

사실 이항분포의 확률변수만 정규분포로 수렴하는 것이 아니다. 분포함수와 관계없이 어떠한 분포함수의 확률변수도 시행 횟수가 적당히 많아지면 그 확률변수의 평균은 정규분포로 수렴한다는 것을 수학자 라플라스가 증명했다. 이것을 통계학에서는 중심극한

정리라고 한다. 이렇다 보니 정규분포는 금융공학뿐만 아니라 품질관리, 6시그마 등 다방면에서 약방의 감초 역할을 하고 있다. 약간 과장해서 표현하면, 정규분포만 정확히 이해하면 어떤 학문을 하더라도 통계에 관한 한 진입장벽은 넘었다고 볼 수 있다.

로그를 취해주면 정규분포가 되는 함수, 로그정규분포

앞에서 웬만한 사건은 무한히 반복하면 정규분포를 따른다고 했는데, 아쉽게도 주식가격은 그렇지가 않다. 주식은 아무리 값이 떨어져도 0 이하로는 떨어지지 않는다. 반면 주가가 오를 때는 무한정 오를 수 있다. 이건 분명 양쪽이 대칭인 정규분포로는 설명할 수 없다. 대칭이긴 한데 0 이하로는 내려가지 않는 분포함수를 어떻게 처리할 것인가?

가장 쉬운 방법은 지수함수를 씌워주는 일이다. 지수함수는 다음과 같이 X가 아무리 마이너스 방향으로 움직여도 Y 값은 절대 0 이하로 내려가지 않는다.

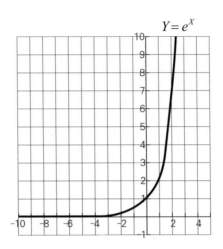

이렇게 어떤 확률변수 X가 정규분포를 나타낼 때, 여기에 지수함수를 씌워주면 로그정규분포가 된다. 즉, X가 정규분포일 때, e^X는 로그정규분포가 된다. 왜냐하면 e^X에 로그를 취해주면 정규분포인 X만 남기 때문이다.

$$ln \, e^X = X$$

로그정규분포는 기업의 가치평가, 주가 분석 등 가치가 제로(0) 이하로 내려가지 않는 경우에 쓰이는 아주 강력한 툴이다. 좀 어려워 보이긴 하지만, 결론은 로그를 씌워주면 정규분포가 된다는 단순한 개념이다.

시간이 포함된 정규분포, 브라운 운동

금융공학을 공부할 때 가장 멋스럽고 유식해 보이는 함수를 고르라면 단연 브라운 운동을 들 수 있다. 브라운 운동이 얼마나 간단한 이론인지 예를 들어 살펴보자.

2000년에는 KOSPI 지수가 700 근처에서 움직였지만, 2018년 3월 현재는 2,400 근처에서 움직인다. KOSPI 지수는 여전히 시세 근처에서 좌우 대칭으로 수익률이 움직이지만, 2000년도에 만들어진 평균을 기준으로 2018년 주가를 분석하려 한다면 분명 나사가 풀린 투자자일 것이다. 지난 18년 동안 '시간'이 흐르면서 지수가 달라졌기 때문이다. 이런 시간의 문제를 풀기 위해 나온 이론이 브라운 운동이다. 이를 정규분포로 간단히 표현하면, 브라운 운동은 주가지수처럼 시간에 따라 변하는 현상에 대해 특정 두 시점 간의 변화 정도가 정규분포를 따른다는 것이다. 즉 '주식가격의 평균은 시간의 흐름만큼 변하며, 주식가격의 분산(변동성) 역시 시간의 흐름만큼 더 커진다.'는 상식을 수식으로 표현한 것에 불과하다. 이것을 간단하게 수식으로 표현하면 다음과 같다(물론 아무리 간단한 것도 수식으로만 표현하면 머리가 아파오는 사람들도 있겠지만, 복잡한 글을 수식으로 표현해도 쉽게 이해하는 사람들도 있다).

$$\frac{dS}{S} = \mu dt + \sigma \varepsilon \sqrt{\Delta t}$$

여기서 dS는 t 시점의 주가 S_t와 $t-1$ 시점의 주가 S_{t-1} 간의 차이,

즉 $S_t - S_{t-1}$을 나타내는 기호다.

Δt를 이용해 시간 간격이 짧으면 짧을수록 주가 변화량은 제로에 가깝고 시간 간격이 길면 길수록 시간에 비례해 커진다는 것이 브라운 운동의 핵심 개념이다. 여기서 ε은 평균이 0이고 분산이 1인 정규분포를 따르는 취보과정$^{random\ walk}$(어느 방향으로 튈지 모르는 함수)이라고 정의되는데, 도대체 이건 왜 들어갔을까?

ε이 없다고 생각해보자. 표준편차가 시간의 흐름만큼 비례해서 그대로 커진다면 어떻게 되겠는가? 단순히 시간이 흘렀다고 어제 주가보다 오늘 주가의 등락률이 커진다면, 10년 후 오늘 주가가 4,000일 때 내일 주가는 0에서 8,000까지 등락해야 할지도 모른다. 즉, 말이 안 되는 이론이 되어버린다. 그래서 ε이 추가되었고, 특정 구간의 주가 변화량이 다른 구간에서의 주가 변화량에 영향을 미치지 않는다는 가정하에 브라운 운동이 완성되었다.

머신 러닝 시대의 통계학과 금융공학

최근 인공지능 분야가 각광을 받으면서 우리는 머신 러닝^{machine} ^{learning}이란 용어를 자주 접한다. 머신 러닝은 기계(컴퓨터)가 데이터를 통해서 '배운' 내용을 기반으로 사람의 의사 결정을 지원하는 툴이라고 정의할 수 있다.[1] 머신 러닝이 일반화되면서 컴퓨터 사이

---

1 머신 러닝과 유사한 용어로 딥러닝(deep learning)이 있다. 딥러닝은 기계가 머신 러닝으로 배운 지식을 바탕으로 인간처럼 스스로 '생각'할 수 있는 뇌를 갖게 되는 것으로 정의할 수 있다. 바둑의 알파고가 딥러닝의 대표적인 사례다.

언스와 코딩이 각광받는 분야로 떠올랐다. 이에 따라 구글은 통계 분석 조직을 대폭 강화하고, 프린스턴, 카네기 멜런 등 미국의 많은 대학에서도 통계학과 인공지능 통합 과정을 개설했다. 기계가 무엇을 어떻게 배운다는 것인가? 머신 러닝은 어떻게 인간의 행동을 미리 예측할 수 있는 것일까? 인공지능 시대에 전통적인 통계학은 어떤 의미를 지니고 있는 것일까?

복잡하고 오묘한 머신 러닝 학습 기법의 기본이 결국 기초통계학에 나오는 상관관계 분석이라고 하면, 많은 사람들은 바로 수긍하기가 힘들 것이다. 하지만 사실이다. 머신 러닝이 학습하는 거의 대부분은 여러 사건(또는 인간 행동) 간의 관련성을 보여주는 상관관계에 기초한다. 여러 변수들 간 상관관계의 정도를 나타내는 수치인 상관 계수는 기초통계학 지표로서, 상관 계수가 1에 가까우면 강한 양(+)의 상관관계, -1에 가까우면 강한 음(-)의 상관관계, 0이면 서로 관련이 없음을 의미한다. 아마존앱과 구글이 제공하는 고객 맞춤형 추천(고객이 좋아할 것으로 예측되는 음악, 와인, 식당 등을 추천) 알고리즘은 이런 상관관계 분석에 시간과 장소 개념을 포함시킨 것이라 할 수 있다. 앱을 설치할 때 위치 정보를 허용할 것인지 물어보는 이유가 바로 여기에 있다. 시간과 장소에 따른 고객 행동 패턴도 역시 본질적으로는 상관관계 분석이기 때문에 결국 머신 러닝의 핵심은 기초통계학에서 배우는 상관관계 분석에 기초하고 있는 것이다.

구글은 이미 전세계 고객 85%의 움직임을 파악하는 인프라를 구축했다. "이 많은 데이터를 어떻게 활용할 것인가"가 구글 내부의 끊임없는 질문이고 도전이다. 현존하는 최첨단 통계학적 기법을 모두 적용해 보면서 오류를 찾아낸다. 이러한 과정을 반복하면서 기존 통계학 이론이 갖고 있는 단점들을 보완하고, 끊임없이 새로운 통계학 이론을 개발하고 있는 것이다.

구글에서는 머신 러닝을 얘기할 때, 'forecasting' 대신 'nowcasting' 이라는 용어를 사용한다. 'nowcasting'은 '미래'를 예측하는 것이 아니라 '현재'를 예측한다는 것이다. 다시 말해 수많은 고객들이 다양한 환경과 변수하에서 '현재' 어떤 행동을 할지 예측한다는 의미이다. 예를 들면, 고객이 내일 자동차를 사러 갈 확률을 예측하는 것이 아니라, 오늘 광고가 나올 때, 어느 딜러점을 방문해서 어떤 상담을 받을지가 구글에게는 더 관심사인 것이다. 고객이 현재 하고자 하는 행동을 통계학적으로 예측해서 머신 러닝 시장을 리드하겠다는 것이 구글의 전략인 것으로 보인다.

확실한 것은 아무리 복잡한 머신 러닝도 그 기본은 우리가 이미 배워 알고 있는 기초 통계학의 범위를 벗어나지 않는다는 사실이다. 이런 점에서 금융공학과 머신 러닝을 접목하는 데 있어 통계학 개념이 중요한 기반이 될 것이다.

10장
어떻게 파생상품의 가격을 매길 것인가
블랙숄즈 방정식과 이항옵션모델

사실 일본 도지마 쌀 거래소의 상인들이나 동시대 영국과 네덜란드의 중개상들, 아니면 아메리카 원주민들의 선물 옵션거래에서도 비록 정교하게 계산된 형태는 아니었어도 분명 자산의 미래 가격을 어떻게든 '현재' 가격으로 매기고 거래했음은 분명한 사실이다. 증권거래가 활발히 이루어진 1900년대 초반 이후에는 다양한 파생상품 가격을 계산하기 위한 공식들이 쏟아져 나왔다. 그렇다면 피셔 블랙과 마이런 숄즈의 블랙숄즈 방정식은 어떤 방정식이길래 금융공학의 패러다임을 바꿔놓았을까?

공짜는 없다

대부분의 사람들이 막연하게 갖고 있는 인식 중의 하나가 파생상품을 활용하면 남들보다 더 이익이 되는 금융거래를 만들 수 있다는 착각이다. 여기서 파생상품이라 함은 어떤 기초가 되는 상품을 활용해 파생시킨 상품을 뜻한다(그리고 이러한 파생상품을 개발하고 가격을 매기는 것이 바로 금융공학의 역할이다). 예를 들어, 주가가 3,000이 넘을 경우 100만 원을 받는 옵션 상품이 있다고 하면, 이 옵션 상품을 파생상품이라고 하는 것이다. 앞에서 설명했듯이, 이때 기초가 되는 주가를 기초자산이라고 부른다. 결론부터 말하자면, 어떠한 파생상품도 희생을 치르지 않고서는 절대로 원하는 바를 얻을 수 없다는 것이 블랙숄즈 방정식이 갖고 있는 기본 전제다. 그래서 블랙숄즈 방정식으로 도출된 가격을 공정가격fair price이라고도 부른다. 좀 더 정확히 말하자면, 블랙숄즈 방정식은 현재까지 발표된 방정식 중에서 파생상품(옵션) 공정가격에 가장 가까운 가격을 도출할 수 있다고 표현하는 게 맞다.

블랙숄즈 방정식은 엄밀하게 표현하면 '블랙숄즈 편미분방정식'인데, 여기서 간단하게 방정식이라고 표현한 이유는 방정식과 편미분방정식 간에 사실상 큰 차이가 없기 때문이다. 굳이 차이를 들자면, 일반 방정식은 풀었을 때 답이 숫자로 나오는 반면,(물론 일부 방정식은 닫힌 해가 존재하지 않는 경우도 있다.) 편미분방정식은 해가 함수라는 점과 미분이 들어간다는 차이가 있다. 편미분방정식은 미분방정식 중에도 변수가 두 개 이상인 경우를 일컫는 것에 지나지 않는다. 블랙숄즈 방정식은 주가와 시간이라는 두 개의 변수로 미분한 형태기 때문에 편미분방정식이라고 부른다.

블랙숄즈 방정식의 개념은 간단하다. 파생상품 가격은 시간과 기초자산 가격이 변하면 같이 변하게 된다는 것이다. 우선 계약 만기일이 다가올수록 불확실성이 줄어들기 때문에 시간이 흐를수록 파생상품의 가격은 하락할 것이다. 또한 주가가 2,999인데 3,000이 넘으면 100만 원을 주겠다는 옵션에 대한 대가와 주가가 2,500인데 3,000을 넘으면 100만 원을 주겠다는 옵션에 대한 대가 사이에는 분명한 차이가 있을 것이다. 즉 기초자산의 변화에 따라서 파생상품의 가격은 변하게 된다. 이러한 두 가지 상식을 기반으로 블랙과 숄즈는 아래와 같은 개념의 방정식을 발표했다.

> "시간과 기초자산 가격의 변화에 따른 파생상품 가격의 변화는 무위험상품(은행예금 또는 미 재무성채권)에 투자하는 것과 효과가 같다."

많은 분들이 황당해할지도 모른다. 최첨단 방식으로 만들어낸 파생상품의 가치가 고작 고정금리를 주는 예금과 다를 바 없다면 도대체 파생상품은 왜 만들었을까? 그냥 예금에 넣어두면 될 것을 말이다. 그렇다. 아무 일도 안하고 예금에 넣어둘 수 있다면 그냥 그렇게 하면 된다. 그런데 현실은 그렇지 않다. 주가 변동에 따라 여러 가지 옵션들이 각자의 필요에 의해 만들어지고 거래된다. 예를 들면, 인도에서 면화를 수입하는 업체는 강수량이 어떻게 되는지에 따라서 거래가격이 달라지는 파생상품을 거래하고 싶어 한다. 따라서 본질적으로, 블랙숄즈 방정식은 실물경제에서 만들어지는 많은 상품들이 '공정한' 가격으로 거래될 수 있도록 도와주는 것이 기본 역할인 셈이다.

블랙숄즈 방정식의 등장

블랙숄즈 방정식은 1973년 피셔 블랙과 마이런 숄즈에 의해 정치경제학 저널에 처음 발표되었고, 로버트 머튼이 수학적 개념을 확장해 '블랙숄즈 옵션가격 결정모형'이라고 명명했다. 머튼과 숄즈는 이에 대한 공로로 1997년 노벨경제학상을 수상했다. 아쉽게도 피셔 블랙은 1995년 운명을 달리하여 생존자 수여 원칙을 고수하는 노벨상 수상자에 포함되지 못하고, 공로자로만 언급되었다.

블랙숄즈 방정식 역시 정규분포로부터 유도된다. 앞에서 살펴본 시간이 포함된 정규분포인 브라운 운동을 되새겨보자(이제부터 등장하는 수식을 무조건 외울 필요는 없다. 그리고 만약 잘 이해되지 않는다면, 그냥 읽으면서 직관적으로 이해하는 데 만족해도 좋다. 결코 쉬운 내용이 아니므로 완전히 이해하지 못했더라도 너무 걱정하지 말자. 그리고 결정적으로 수식이 많지도 않다).

$$\frac{dS}{S} = \mu dt + \sigma \varepsilon \sqrt{\Delta t}$$

S를 주식이라는 기초자산이라고 정의하면, 주가 변화[1]는 평균이 μdt이고 표준편차가 $\sigma \varepsilon \sqrt{\Delta t}$인 정규분포를 따른다고 할 수 있다. 일단 기초자산은 정규분포를 따른다는 가정과 함께 평균과 표준편차까지는 쉽게 구할 수 있다. 그럼 블랙과 숄즈가 구하고자 했던 파생상품 공식은 어떻게 풀어야 할까?

블랙숄즈 방정식의 숨은 공로자 키요시 이토

키요시 이토는 일본 혼슈 출신으로서 동경대에서 이학 박사 학위를 취득한 후 일본 통계청과 미국의 코넬, 프린스턴, 스탠포드 대학에서 연구 활동을 하는 동안 확률과정론(시간이 포함된 확률론) 분야에서 탁월한 업적을 남겼다. 순수 수학자로서 전면에 나서길 꺼려했던 그는 2008년 93세를 일기로 타계하기까지 금융수학 및 확률론 분야에 지대한 영향을 미쳤는데, 특히 블랙숄즈 방정식을 만드는 데 결정적인 역할을 한 수리적 근거인 이토 렘마를 1951년에 발표했다. 렘마^{lemma}는 우리말로 보조정리라고 번역할 수 있는데, 어떤 정리를 증명하기 위해 설정되는 예비적인 정리를 말한다.

이토 렘마의 핵심 개념은 기초자산의 함수를 알면 파생상품의 함수를 구할 수 있다는 것이다. 예를 들어, 주가가 브라운 운동을 따르면 주가를 기초자산으로 하는 파생상품도 브라운 운동을 따른다는 것이다. 이토 렘마는 아무리 복잡한 파생상품의 가치도 기

---

1 $dS = S_{t+1} - S_t$이므로, 주가 변화는 $\frac{dS}{S} = \frac{S_{t+1} - S_t}{S_t}$로 표현할 수 있다.

초자산의 행동 패턴만 알면 계산해낼 수 있다는 점에서 금융공학에서는 가장 중요한 이론 중의 하나로 평가되고 있다. 그래서 금융공학을 업으로 하고자 하는 학생들이 면접 시 가장 많이 받는 질문 중의 하나가 이토 렘마를 설명해보라는 것임은 MBA들 사이에 잘 알려져 있다.

주식가격이나 주가지수의 행동 패턴을 알고 있을 때, 주식가격이나 주가지수를 기초자산으로 하는 파생상품이 어떤 패턴을 띠게 되는지 이토 렘마를 이용해서 풀어보면 다음과 같다.

첫 번째로, 바로 앞에서 살펴본 바와 같이, 주식가격이나 주가지수 같은 기초자산의 변화(행동 패턴)는 다음과 같다.

$$\frac{dS}{S} = \mu dt + \sigma \varepsilon \sqrt{\Delta t}$$

두 번째로, 주식이나 주가지수를 기초자산을 하는 파생상품 V의 가격 변화(행동 패턴)는 이토 렘마에 의해 다음과 같이 표현된다.

$$dV = \left(\mu S \frac{\partial V}{\partial S} + \frac{\partial V}{\partial t} + \frac{1}{2} \sigma^2 S^2 \frac{\partial^2 V}{\partial S^2} \right) dt + \sigma S \frac{\partial V}{\partial S} \varepsilon \sqrt{\Delta t}$$

즉 기초자산(S)과 시간(t)의 함수로 표현되는데 테일러 확장^{Taylor} ^{Expansion}[2]이라는 기법을 써서 도출했기 때문에 복잡해 보이긴 하지만,

---

2 아주 직관적으로 표현하면, 어떤 함수(Y=F(X))의 여러 변수들(X1, X2, X3... Xn)이 조금씩 변할 때, Y는 얼마나 변하는지를 구하는 방법을 말한다. 즉 함수 Y=F(X)를 여러 번 편미분(변수들의 작은 변화)하여 Y=F(X)의 표준편차(Y의 변동성)를 구하는 전개식이다.

결국 평균이 $\mu S \frac{\partial V}{\partial S} + \frac{\partial V}{\partial t} + \frac{1}{2}\sigma^2 S^2 \frac{\partial^2 V}{\partial S^2}$, 표준편차가 $\sigma S \frac{\partial V}{\partial S}$ 인 정규분포를 따른다는 간단한 개념이 그대로 적용된다. 물론 위 수식을 외우는 것은 무의미하다.

마지막으로, 주식과 파생상품의 행동 패턴(가격변화)을 각각 보여주는 위 두 개의 연립방정식을 풀면, 다음과 같이 그 유명한 블랙숄즈 방정식이 도출된다는 사실만 기억하자.

파생상품가격 변화   파생상품 가격 변화 속도   파생상품을 은행에
예금할 경우 이자

$$\frac{\partial V}{\partial t} + \frac{1}{2}\sigma^2 S^2 \frac{\partial^2 V}{\partial S^2} + rS \frac{\partial V}{\partial S} = rV$$

시간의 변화   기초자산의 변화 속도   기초자산 매수 비율

왼쪽 항목을 하나씩 풀어보자. 첫째 항목 $\frac{\partial V}{\partial t}$ 는 시간이 변할 때 파생상품 가치가 변하는 정도를 나타낸다(만기가 가까울수록 파생상품 가치는 줄어든다). 두 번째 항목 $\frac{1}{2}\sigma^2 S^2 \frac{\partial^2 V}{\partial S^2}$ 는 기초자산 S의 등락폭(변동성)에 따라 파생상품 가치가 변하는 정도를 나타낸다. 이것을 금융공학에서는 감마gamma라고 하는데, 주가 등락폭이 커지면 콜옵션이든 풋옵션이든 행사 가능성이 높아지므로 파생상품 가치는 증가한다. 마지막으로 $rS\frac{\partial V}{\partial S}$ 는 $\frac{\partial V}{\partial S}$ 분량만큼 기초자산을 사서 은행에 넣어두는 가치다. 오른쪽 항목인 rV는 파생상품을 사서 만기까지 은행에 넣어뒀을 때 받을 수 있는 이자다.

정리하면, 파생상품의 가치는 '일정 정도의 기초자산을 사서 은행에 넣어두고 받는 이자'와 '시간과 기초자산 변동성 변화에 따른 파생상품의 가치변화'를 더한 것과 같다. 주식을 예로 들면, (콜

옵션이든 풋옵션이든) 주식의 옵션가격은 주식을 일정비율 사서 얻게 되는 수익률(미래 수익률은 아무도 모르기 때문에 은행예금 이자율을 수익률로 가정)에, 시간의 흐름에 따라 변하는 옵션가치와 주가 등락에 따른 가치 변화를 감안한 가격이 된다. 참으로 당연하고 상식적인 논리다. 즉 옵션의 가치는 '주식 수익률'에 '옵션가격에 영향을 미치는 시간과 주식 변동성을 감안'한 것과 같다는 것이다. 블랙숄즈 방정식은 이 당연한 상식을 편미분방정식으로 표현해서, 처음으로 파생상품 가격의 '닫힌 해'를 구했다는 점에서 큰 의미를 지닌다.

금융시장의 패러다임을 변화시킨 것으로 평가받는 블랙숄즈 방정식이 소개되기 150여 년 전인 1822년에 이미 프랑스의 수학자이자 물리학자인 조셉 푸리에가 열전도 편미분방정식을 제안했고, 이후 열전도 편미분방정식은 수리 물리학계에서 100여 년 이상 일반 학생들이 필수과목으로 공부해오던 평범한 이론이었다. 이런 평범한 편미분방정식이 금융에 적용되면서 금융계가 들썩거리자 많은 물리학자들이 의아해했다고 한다. 새로운 것도 아닌데 왠 난리법석이지? 뭐 대체로 이런 반응이었던 것 같다. 이런 해프닝이 있은 후에 금융과 수학, 물리학이 본격적으로 교류하기 시작하면서 금융공학 시대가 활짝 열리게 된 것이다.

블랙숄즈 방정식의 기본 가정들

블랙숄즈 방정식에서 옵션가격에 영향을 미치는 변수는 여섯 가지가 있다.

1) 현재 주가
2) 행사가격
3) 이자율
4) 변동성
5) 만기까지 남은 시간
6) 배당 등 기타 주가에 영향을 미치는 요인

이 중에서 배당을 제외한 다섯 가지 변수에 대해서는 그 변수의 변화에 따른 파생상품 가격의 변화 정도를 고유 용어(델타, 감마, 쎄타 등)를 써서 표현하므로, 개념 정도는 알아두면 금융공학을 전공하는 사람뿐만 아니라 일반인에게도 유용할 때가 꽤 많다.

몇 년 전 유럽의 어느 대형 은행과 협상하는 자리에서 상대방이 "델타 리스크는 어느 정도로 추정하십니까?"라는 질문을 한 적이 있었는데, 만약 그때 그 질문의 의미를 몰랐다면 협상에서 한 수 접고 들어가는 꼴이 되었을 것이다. 다행히 델타 리스크에 대해 충분히 분석을 해 둔 상태였기 때문에, 오히려 베가 리스크로 논점을 전환해 협상에서 유리한 고지를 선점한 적이 있었다. 당시 협상이 주식거래와는 무관했다는 점을 고려할 때, 금융공학적 개념은 일반

실물경제에서도 광범위하게 적용되고 있다고 볼 수 있다.

델타, 기초자산 가격의 변화에 따른 파생상품 가격의 변화량

예를 들어, 주가(S)가 100달러에서 101달러로 아주 소폭 움직일 때, 옵션가격(C)이 10달러에서 10.5달러로 변동된다면 델타는 다음 공식에 의해 0.5가 된다.[3]

$$\Delta = \frac{\partial C}{\partial S} = \frac{10.5 - 10}{101 - 100} = 0.5$$

즉 델타가 0.5라는 것은 주가(기초자산)가 아주 소폭 움직일 때 옵션가격의 변화가 주가 변동량의 50%라는 의미와 같다.

델타 헤지

델타 헤지란 델타를 이용해 주가의 움직임에 따른 리스크를 없애는 방법이다. 위의 예에서 만일 주식 1주를 100달러에 매도한 투자자가 주식가격 상승에 따른 위험을 방지하고자 하는 경우, 두 개의 콜옵션을 매수하면 헤지할 수 있게 된다. 그렇다면 주가가 101달러로 오른다면 주식 매도로 1달러의 손실이 발생하지만 옵션가격이 10달러에서 10.5달러로 오를 것이고, 두 개의 콜옵션을 매수했으므로 옵션 매수에 따른 총 이익이 1달러가 되므로 이 투자자

---

3 금융공학에서는 일반적으로 콜옵션의 가격은 C로, 풋옵션의 가격은 P로 표시한다.

는 주식가격이 상승하더라도 손실을 방지할 수 있다. 반대로 주식가격이 99달러로 하락한다면, 주식 매도로 1달러의 이익이 발생하지만, 옵션가격도 덩달아 하락하여 1달러의 손실이 발생하기 때문에 결국 이익과 손실이 상쇄되는 것이다. 즉 델타 헤지를 이용하면, 주식가격이 오르든 내리든 이익과 손실을 상쇄시켜 리스크를 없앨 수 있다.

감마, 구부러진 부분을 주의하라

옵션은 선물과는 달리 주가에 대해 비선형 관계를 가지고 있으므로, 선형적 관계를 분석하는 것만으로는 불충분하다. 감마는 이런 비선형적 요소를 제어할 수 있는 도구다. 델타가 주가와 옵션가격 간의 선형적 관계를 나타내는 지표라면, 감마는 선형적 관계로 파악할 수 없는 2차 비선형 관계를 파악하는 지표라고 이해하면 된다.

　아래 그림은 델타 헤지를 이용해 거래할 경우 놓치게 되는 부분을 표현한 것이다. 감마 헤지는 이처럼 델타 헤지를 이용해 해결할 수 없는 부분 중 일부를 해결해주는 역할을 한다.

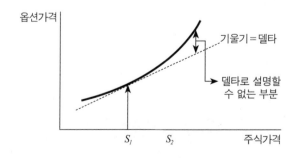

감마를 수식으로 표현하면 다음과 같다.

$$\gamma = \frac{\partial \Delta}{\partial S}$$

즉 감마는 주식가격(S)의 변화에 따른 옵션 델타의 변화율을 의미한다. 수학적으로는 접선의 기울기를 한 번 더 미분(즉 2차 미분)한 것과 같다.

이자율에 따른 가격 변화

로^{Rho}(ρ)란 이자율 변화에 대한 옵션가격의 변화를 측정하는 도구다.

$$\rho = \frac{\partial C}{\partial r}$$

이자율(r)과 콜옵션가격(C)은 정^{正}의 관계를 갖고 있다. 즉, 이자율이 상승하면 콜옵션가격이 올라가고, 이자율이 내려가면 콜옵션가격도 하락하게 된다.

표준편차의 변화에 주목하라

베가^{Vega}란 변동성(표준편차) 변화에 대한 옵션가격의 변화를 측정하는 도구다.

$$Vega = \frac{\partial C}{\partial \sigma}$$

변동성이 증가하면 주가가 그만큼 많이 출렁거린다는 뜻이므로

옵션을 행사할 가능성도 그만큼 커진다. 따라서 콜옵션이든 풋옵
션이든 변동성 증가는 옵션가치의 상승을 동반한다.

시간의 가치, 쎄타

쎄타$^{Theta}(\theta)$란 시간의 변화에 따른 옵션가격의 변화를 측정하는
도구다.

$$\theta = \frac{\partial C}{\partial t}$$

옵션 만기일이 길면 길수록 주가의 불확실성이 커지기 때문에
옵션가격은 상승한다. 옵션을 파는 사람은 시간에 대한 프리미엄
을 파는 것이고, 옵션을 사는 사람은 시간에 대한 리스크를 사는
셈이 된다. 즉 콜옵션과 풋옵션 모두 옵션의 만기와 옵션가치는
정^{正}의 관계가 성립한다.

블랙숄즈 방정식의 허점들

사실 블랙숄즈 방정식은 다음과 같은 여러 가지 비현실적 가정들
때문에, 실제 적용에서는 명확히 그 한계를 인식하고 이에 맞는 거
래 모델을 구성해야 한다. 블랙숄즈 방정식의 창시자인 로버트 머
튼도 트레이더들의 무분별한 블랙숄즈 방정식 적용이 2008년 글
로벌 금융위기를 야기시켰다고 인정한 바 있다.

다음은 1973년에 블랙숄즈 방정식이 발표될 때 언급했던 네 가지 비현실적인 가정들이다. 실제로는 열 가지 가정이 있지만 이 중 비현실적이라고 생각되는 것만 골랐다.

1) 주가의 표준편차는 알려져 있고 만기까지 일정하다.

이 부분은 현재 '시간이 포함된 표준편차'로 수정되어 사용되고 있기 때문에 이제 큰 이론적 단점은 아니지만, 여전히 해결해야 할 숙제가 있어 보인다. 우선 표준편차를 구하는 기간을 과거 언제부터 거슬러 올라가서 계산할 것인가에 대한 문제다. 한 달, 1년, 아니면 3년? 실제로 MBA 동료들과 AMEX의 QQQ 인덱스를 대상으로 무위험 차익거래를 수행할 때, 이 표준편차 계산 기간을 두고 상당한 설전을 벌였던 기억이 있다.

2) 주식가격은 급등락하지 않는다.

이는 주가가 로그정규분포를 따른다는 것을 의미하는데, 실제로는 1987년 블랙 먼데이, 1998년 LTCM 파산, 2001년 9.11 테러, 2008년 글로벌 금융위기 등 주식 시장을 크게 요동치게 만든 대형 사건들이 발생했다. 물론 이론적으로는 이런 '한 방'을 커버할 수 있는 통계적 기법이 있긴 하지만, 이 한 방을 방어하기 위해 평온한 시기에 지나치게 비싼 대가를 치러야 한다는 허점 또한 존재한다.

3) 단기 이자율은 변하지 않는다.

표준편차가 변하지 않는다는 것과 마찬가지로 비현실적인 가정이긴 하지만, 이자율에 대해서도 시간이 포함된 확률과정을 고려함으로써 이론적으로는 해결된 상태다. 물론 현실적으로 여러 가지 제약이 따르지만 말이다.

4) 무위험 차익거래는 발생하지 않는다.

실제로는 지금 이 시간에도 무위험 차익거래를 찾기 위해 하이에나처럼 모니터에 눈을 밝히는 트레이더들이 무수히 많다. 즉, 현실에서는 무위험 차익거래 기회가 자주 발생한다.

블랙숄즈 방정식은 금융위기의 주범인가

1973년 블랙숄즈 방정식이 발표되고 나서 채 한 달도 되기 전에 시카고옵션거래소에서는 16개의 주식을 대상으로 옵션을 거래하기 시작했고, 숄즈 교수는 시카고대로 옮겨 블랙숄즈 방정식을 전파하기 시작했다. 당시 MIT와 시카고대에서 많은 젊은 트레이더들이 옵션거래를 배우기 시작하면서, 직관이나 경험에 의존해 옵션거래를 하던 기존의 다른 트레이더들은 경쟁력을 상실하며 급속도로 사라지기 시작했다. 하지만 이것은 시작에 불과했다. 앞에서 이미 언급했듯이 블랙숄즈의 영향력은 기하급수적으로 커지면서 2007년에는 전 세계 파생상품 거래 규모가 4,000조 달러에 이르렀는데, 이 규모는 지난 100년 동안 전 세계 제조업 총 생산량의 10

배에 달하는 금액이다.

그러나 2008년 금융위기 후에 금융공학과 블랙숄즈 방정식은 금융위기를 일으킨 주범이라는 비판을 들으며 역사박물관에나 들어가야 할 운명인 것처럼 묘사되기 시작했다. 블랙숄즈 방정식의 기초가 되는 여러 가정들은 비현실적이라는 비판에 직면했다. 어떤 학자들은 블랙숄즈 방정식 자체에는 문제가 없을지 몰라도 파생상품을 통제하고 있는 다양한 규제가 시장 상황을 정확히 반영하지 못한 것이 문제라고 지적했다. 금융공학이라는 알 수 없는 기법은 사회에 전혀 도움을 주지 못한다는 주장까지 나오게 되었다.

물론 블랙숄즈 방정식은 시장 테스트를 거치면서 타당성이 검증되었기 때문에 모델 자체에 문제가 있다고 주장하는 사람은 별로 없다. 문제는 많은 은행과 헤지펀드들이 이 모형에 의존해 거래하는 규모가 늘어남에 따라 그만큼 실수할 개연성도 커졌을 뿐만 아니라, 모형을 지나치게 단순화해 이해하려 하면서 오류에 취약하게 된 것이다.

모델 자체에 문제가 있다고 보는 사람들은 블랙숄즈 방정식에서는 거의 일어날 것 같지 않다고 가정한 큰 사건들이 예상외로 많이 일어난다는 사실에 주목한다. 앞서 블랙숄즈 방정식은 정규분포 가정하에서 완성되었다고 설명한 바 있다. 그런데 실제로는 1987년 10월 전 세계 주가 총액이 불과 몇 시간 만에 20%가 사라진 블랙 먼데이, 1997~1998년 아시아 금융위기, 2001년 9.11 사태, 2008년 글로벌 금융위기 등 대형 사건들이 가끔 일어난다고 보기에는 너무 자주 발생하고 있으며, 따라서 금융시장 전체를 흔들 만큼 큰 사건의 발생 확률이 무시할 만큼 작다는 블랙숄즈 방정식의 가정에 의문이 제기되기 시작했다. 나심 니콜라스 탈레브 Nassim Nicholas Taleb는 그의 저서 『블랙 스완』에서, 거의 볼 수 없을 정도로 희귀한 검은 백조가 호주의 어느 강에서 다량 발견된 사실을 비유적 예로 들며, 거의 발생하지 않을 것으로 생각되던 합리적 전제들이 어느 날 실수로 판명될 수 있다는 주장을 통해 블랙숄즈 방정식의 '합리적' 가정들을 비판한다.

좀 더 나아가서 어떤 이들은 블랙숄즈 방정식 자체를 통한 파생상품 거래가 재앙을 불러온 사례로 앞서 설명한 LTCM Long Term Capital Management의 몰락을 든다. 마이런 숄즈와 로버트 머튼은 LTCM이라는 헤지펀드의 파트너로서 파생상품 거래에 깊이 관여하게 된다. 그리고 거래를 시작하자 마자 전통적인 방식으로 거래하는 많은 경쟁자들을 물리치고 탁월한 성과를 내기 시작했다. 하지만 러시아 금융위기가 닥치자 그 회사는 6개월 만에 약 40억 달러의 손실을 기록하며 미 연방준비제도이사회에서 지정한 은행 컨소시엄에 매각되는 처지에 이른다. 1998년 9월의 일이었다.

블랙숄즈 방정식을 비판하는 쪽에서는 이 몰락에 대해 블랙숄즈 방정식을 이용한 시스템 트레이딩이 가져온 결과라고 지적하는 반면, 마이런 숄즈 교수는 블랙숄즈 방정식은 LTCM의 몰락에 아무런 책임이 없다고 주장한다. LTCM의 몰락은 1998년 러시아 금융위기를 버틸 수 없는 상황에서 발생한 리스크 관리 이슈라는 것이 그의 주장이다.

LTCM의 몰락이 블랙숄즈 방정식을 위주로 한 금융공학적 접근의 실패인지, 아니면 숄즈의 주장대로 금융공학자들의 의견을 무시한 트레이더들의 리스크 감수 전략에 따른 결과인지에 대해서는 끊임없이 논란이 벌어지고 있다(LTCM이 몰락하고 정확히 10년 후인 2008년 9월에 리만 브라더스가 파산하면서, 블랙숄즈 방정식과 금융공학은 다시 한 번 논란의 대상이 됐다).

블랙숄즈 방정식에 문제가 있는지에 대해서는 논란이 있을지라도 인간의 욕망이 화를 불렀다는 사실만큼은 확실하다. 더 많이 벌고자 하는 욕망, 리스크를 감수하고서라도 남들보다 더 많이 챙기려는 욕심 말이다. 블랙숄즈 방정식이라는 날개를 달고 트레이더들은 끝없이 하늘로 오른다. 태양이 점점 가까워지면서 날개를 지탱하고 있던 왁스가 녹아 내리지만 더 많이 챙기려는 인간의 욕심은 날개가 타들어가는 줄도 모르고 더 높이 날아오른다. 그리고 이카루스처럼 한순간 땅으로 추락한 것이다.

그래도 역사의 수레바퀴를 되돌릴 수는 없다

금융위기가 닥칠 때마다 금융공학은 마녀사냥을 당했다. 1987년의 블랙 먼데이는 포트폴리오 보험이라는 파생상품 거래가 악화시켰다(3장에서 설명했듯이, 포트폴리오 보험은 시장이 불확실할 때 주가선물을 매각함으로써 전체 포트폴리오의 가치 하락을 방지하게끔 설계된 금융상품이기에 보험이라는 용어가 붙었다. 1987년 주가가 지속적으로 하락할 때, 포트폴리오 보험 트레이더들이 지속적으로 주가선물을 매각함으로써 블랙 먼데이를 부추겼다는 비난을 받았다). 1998년 LTCM의 몰락도 인간의 욕망이라는 요소를 차치하고서라도 블랙숄즈 방정식이 적용된 사례였다고 비판받는다. 2001년 엔론 사건과 2008년 글로벌 금융위기도 금융공학적 기법의 결과라는 것이 비판론자들의 주장이다.

그렇다면 이제 금융공학은 곱게 정리해서 박물관에 전시해야 할 유물이라고 봐야 할까? 전혀 그렇지 않다. 오히려 지난 시기에 금융공학이 제공했던 혜택과 실수, 그리고 교훈을 철저히 파헤치고 개선하는 것만이 현재 고려할 수 있는 유일한 길이다. 대형 교통사고가 났다고 해서 자동차를 발명한 사람이 비난받고 자동차가 없는 세상을 만드는 것이 답이 아닌 것처럼, 금융공학의 남용이 가져온 일부 문제들 때문에 금융공학이 사장되는 일은 없을 것이다.

블랙숄즈 방정식은 금융시장에 대변혁을 가져왔다. 긍정적이든 부정적이든 블랙숄즈가 풀지 못한 이슈들은 후세의 금융공학자들이 풀어야 할 과제인 셈이다. 최근의 금융위기는 좀 더 정교하고 세밀한 규제와 기법을 만들어낼 것이며, 기업들은 이에 따라 좀 더 유능한 금융공학자를 영입하기 위해 힘쓸 것이다. 블랙숄즈 방정식을 만든 숄즈 교수는 "금융공학은 생존하고 성장할 뿐만 아니라, 시대에 따라 진화할 것"이라고 확신하고 있다.

블랙숄즈 방정식이 필요 없는 옵션가격 계산법

블랙숄즈 방정식은 세계 최초로 '공정한' 옵션가격을 계산할 수 있도록 제안한 모델이라는 점에서 가치가 있고, 공식만 집어넣으면 답이 나온다는 점과 블랙숄즈의 편미분방정식을 이용해서 여러 가지 응용을 할 수 있다는 장점이 있다. 하지만 단점도 있다. 우선 모델이 지나치게 어렵다는 의견이 있다(물론 쉽다는 의견도 있다). 또한 만기에 가서야 옵션권리를 행사할 수 있는 옵션(유러피언 옵션)의 가격을 계산하는 데는 문제가 없지만, 만기 전에도 언제든지 옵션권리를 행사할 수 있는 옵션(아메리칸 옵션)의 가격을 계산하는 데에는 많은 제약이 있다. 따라서 이후 많은 학자들이 이에 대한 개선 모델을 연구하기 시작했다.

왜 만기에만 옵션권리를 행사할 수 있는 옵션을 유러피언 옵션이라 하고, 만기 전에도 원한다면 언제든지 옵션권리를 행사할 수 있는 옵션을 아메리칸 옵션이라고 하는지 그 기원에 대해 명확하게 알려진 바는 없다. 지역적으로든 관행적으로든 이름을 그렇게 붙인 특별한 이유는 없다고 보면 된다. 그 이후에 붙여진 다른 옵션들은 유러피언 옵션과 아메리칸 옵션의 속성을 합성한 경우가 꽤 있다. 예를 들어, 앞서 설명한 바 있는 버뮤단 옵션은 만기 이전에 정해진 횟수만큼 또는 특정 기간에만 옵션권리를 행사할 수 있는 거래 형태로서, 만기에 딱 한 번만 권리행사가 가능한 유러피언 옵션과 만기 전에 언제든지 권리행사가 가능한 아메리칸 옵션의 중간 형태다.

본론으로 돌아가서, 아메리칸 옵션이나 버뮤단 옵션처럼 유연하게 옵션권리를 행사할 수 있는 옵션 모델은 1979년 존 콕스, 스테판 로스, 마크 루빈스타인이 이항모델(이항옵션모형)을 활용한 옵션 가격 모델을 발표하면서 모델의 탁월한 유연성에 힘입어 응용 분야가 급속도로 확산된다.

모든 옵션은 주식과 채권을 합성해 만들 수 있다

이항옵션모형을 개발한 학자 중 마크 루빈스타인은 현재 UC 버클리대 경영대학원 교수로 재직 중이며, 버클리대 금융공학 석사 과정을 개설하는 데 혁혁한 기여를 한 학자다. 존 콕스, 스테판 로스와 함께 이항옵션모형을 개발한 공적 외에도 1976년에는 앞서 언급한 포트폴리오 보험이라는 금융상품을 개발했는데, 1987년 주식시장이 충격에 빠진 블랙 먼데이가 바로 이 상품 때문이었다는 것은 아이러니다. 블랙숄즈 방정식을 만든 마이런 숄즈와 로버트 머튼이 이끌었던 LTCM이 1998년 파산한 것과 루빈스타인의 포트폴리오 보험이 1987년 주식시장 쇼크를 야기시킨 걸 보면 '현재' 알고 있는 이론만으로 미래를 예측할 수 있는 것은 절대 아닌 것 같다. 물론 위 두 개의 사건 모두 사후에 그 원인이 '이론적'으로 밝혀지긴 했지만 말이다. 한편 존 콕스와 스테판 로스는 현재 MIT 경영대학원 교수로 재직 중이며, 옵션 이론의 대가일 뿐 아니라 이자율 모형에 있어서도 의미 있는 기여를 한 학자들이다.

존 콕스, 스테판 로스, 마크 루빈스타인이 제안한 이항옵션모형은 지극히 상식적인 개념에서 출발한다. 옵션이라는 게 하늘에서 뚝 떨어진 것이 아니고 기존에 있던 상품들의 가치를 반영해 파생된 상품에 불과하다는 것이 이 모형의 기본 출발점이며, 주식과 채권을 합성하면 옵션가격을 구할 수 있다는 것이 그들의 생각이었다.

아래와 같이 채권과 주식이 있다고 가정하고 이 채권과 주식을 이용해 새로운 파생상품, 즉 옵션을 만들어보자.

채권: 액면가 100원 → 1년 후 가치 100원(이자율은 0% 가정)

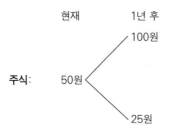

주식은 인간이 예측할 수 없으므로 1년 후에 100원이 될 수도 있고 25원이 될 수도 있다고 가정하자. 이때 어떤 투자자가 이 채권과 주식을 가지고 아래와 같은 파생상품을 만들어 팔고 싶어 한다면, 이 파생상품의 가격은 얼마가 되어야 할까? 이 단순한 물음이 옵션가격을 계산하는 출발점이다.

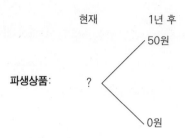

현재   1년 후

50원

파생상품: ?

0원

주식이 100원으로 오르면 가치가 50원이 되고 주식이 25원이 되면 가치가 0원이 되는 파생상품의 가격을 구하는 문제다. 유심히 보면 행사가격이 50원인 콜옵션의 가격을 구하는 문제임을 알 수 있다. 주식가격이 50원보다 높으면 그 차액을 돌려받고, 50원 이하이면 0원이 되는 옵션인 셈이다. 만일 이 문제를 풀 수 있다면, 우리는 옵션을 거래할 때에 옵션 자체 대신에 채권과 주식을 합성함으로써 옵션과 동일한 효과를 낼 수 있다.

그렇다면 어떻게 채권과 주식을 합성해서 원하는 파생상품(여기서는 콜옵션)의 가격을 구할 수 있는지 살펴보자. 이것만 이해하면 사실상 이항옵션모형은 다 이해한 것과 마찬가지다.

1년 후에 채권의 가치는 그대로 100원이고 주식은 100원 또는 25원이 된다. 채권과 주식을 어떤 비율로 매매하면 위에서 제시한 파생상품의 가격을 구할 수 있을까?

α_S는 주식 비율, α_B는 채권 비율이라 할 때, 우리가 구하고자 하는 파생상품의 가격은 주식과 채권을 합성한 형태이므로 $50\alpha_S + 100\alpha_B$(현재 주식가격은 50원, 채권의 액면가는 100원이기 때문)가 될 것이다. 또한 주식이 오를 때는 파생상품 가치가 50원이 되므로 다음과 같고,

$$50 = 100\alpha_S + 100\alpha_B$$

주식이 내릴 때는 다음과 같아야 한다.

$$0 = 25\alpha_S + 100\alpha_B$$

이 두 개의 연립방정식을 풀면, α_S=2/3, α_B=-1/6이 된다. 즉 주식의 비중을 +2/3로 하고, 채권의 비중을 -1/6로 하면 원하는 파생상품을 얻을 수 있게 된다. 여기서 마이너스(-) 부호는 매도하는 것을 의미한다. 따라서 파생상품(여기서는 콜옵션)의 가격은 50×2/3+100×(-1/6)=16 2/3원이 된다.

다시 말해서 콜옵션 한 개를 매수하는 것은 주식 2/3를 매수하고, 채권 1/6을 매도하는 것을 뜻한다. 풋옵션인 경우에는 파생상품의 가치만 풋개념으로 바꿔준 후(즉 주가가 오르면 가치가 0, 내리면 가치가 50) 계산하면 된다.

이것이 콕스, 로스, 루빈스타인이 고안한 이항옵션모형의 핵심이다. 위에서는 단 한 번의 시행만 있는 것으로 가정했지만, 이러한 시행을 n번 반복할 수 있는 것이 이항옵션모형이다. 이 n을 무한히 반복하면 통계학에서 다루는 중심극한정리에 의해 이항옵션모형의 결과값과 블랙숄즈 방정식의 결과값이 같게 된다.

시장에서는 어떻게 파생상품 가격이 공정하다는 것을 알게 될까

만일 이 파생상품의 가격이 16 2/3원보다 싸거나 비싸다면 무위험 차익거래, 즉 아무런 리스크 없이 시장에 잘못 형성된 가격 차이를 이용해 이득을 챙기는 거래arbitrage(또는 재정거래) 기회가 발생하게 된다. 만약 파생상품 거래 가격이 16원이라고 한다면, 이론가격인 16 2/3원보다 싸므로 파생상품 가격이 저평가된 것으로 볼 수 있다. 즉 공정가격보다 싸기 때문에 파생상품을 16원에 매수하고, 반대로 주식과 채권의 합성 상품($50\alpha_S+100\alpha_B=16$ 2/3원)을 매도하면 2/3원만큼 무위험 차익을 얻을 수 있다.

실제 금융시장에서는 이런 무위험 차익거래가 매일 일어난다. 이 것이 금융이 본질적으로 갖고 있는 하이에나적 성격인데, 냉정하게 보면 이런 거래 행위를 비판할 것은 못 된다. 이들 무위험 차익거래자들이 어떤 동기로 그런 거래를 하든 간에 시장에서는 이들의 '노력'에 의해 공정가격이 형성되는 긍정적인 효과가 있기 때문이다.

11장

기초자산과 파생상품의 가격변화 예측
주가 모델과 변동성 모델

효율적 시장가설^{Efficient Market Hypothesis}에 따르면, 현재의 주가는 과거의 모든 정보를 포함하고 있으며, 따라서 현재의 주가로 미래를 예측할 수 없다. 이것을 다른 말로 표현하면, 주가는 취보모델^{Random Walk Model}을 따른다고 하는데, 이 용어는 술 취한 사람이 걸어갈 때 어느 쪽으로 갈지 전혀 알 수 없다는 뜻에서 붙여진 이름이다. 취보모델을 이용해서 주가 모형을 만들어보면 다음과 같다.

$$S_{t+1} = S_t + \varepsilon_{t+1}$$

즉, t+1기의 주가는 t기의 주가와 아무도 방향을 예측할 수 없는 오차항의 합으로 이루어진다는 뜻이다. 여기서 ε_{t+1}은 평균이 0이고 분산이 σ^2인 정규분포를 따르는 것으로 가정한다.

그런데 이럴 경우 주가가 마이너스 값을 가질 수 있는 문제가 생기게 된다. 예를 들어 현재 주식가격이 0.5달러이고, ε_{t+1}의 평균이 0, 표준편차가 0.3달러라면, 주가 모형과 주식가격의 95% 신뢰구간은 다음과 같다.

주가모형: $S_{t+1} = 0.5 + \varepsilon_{t+1}$

신뢰구간: $S_t - 1.96\sigma \leq S_{t+1} \leq S_t + 1.96\sigma$

$$0.5 - 1.96 \times 0.3 \leq S_{t+1} \leq 0.5 + 1.96 \times 0.3$$

$$-0.08 \leq S_{t+1} \leq 1.088$$

즉 주식가격이 0 이하가 나올 수 있다는 것이다. 현실적으로 주가는 0 이하가 나올 수 없는데 어떻게 해결해야 할까?

마이너스 주가가 나오는 이유는 무엇일까? 주가가 정규분포를 따른다고 가정했기 때문에 정규분포의 좌우대칭 속성에서 비롯되는 것이다. 그렇다면 주가수익률을 이용하면 어떨까? 이산형[1] 주가수익률을 보면 다음과 같다.

$$\text{이산형 주가수익률} = \frac{S_{t+1} - S_t}{S_t} = \frac{S_{t+1}}{S_t} - 1$$

이것을 연속형으로 바꿔주기 위해서는 자연로그를 취해주면 된다.

---

1 이산형이란 연속형이 아니라는 의미다. 즉 끊어진 데이터 또는 단답형 데이터를 말한다. 예를 들면, 금융공학을 아느냐 모르느냐에 대한 대답은 이산형이고, 금융공학을 얼마나 아느냐에 대한 대답은 연속형이다.

$$\text{이산형 주가수익률} = ln\left(\frac{S_{t+1}}{S_t} - 1\right) = ln\left(\frac{S_{t+1}}{S_t}\right)$$

이 주가수익률이 정규분포를 따른다고 가정하고 주가 모형을 만들어보면 다음과 같다. 주가의 기대 수익률을 μ라 하고 ε을 취보 모델이라 하면 다음과 같다.

$$r_{t+1} = ln\left(\frac{S_{t+1}}{S_t}\right) = \mu + \varepsilon_{t+1}$$

$$\text{즉} \quad ln\left(\frac{S_{t+1}}{S_t}\right) = \mu + \varepsilon_{t+1} ------①$$

여기서 ε_{t+1}은 평균이 0, 표준편차가 σ^2인 정규분포다.

이것을 다른 말로 표현하면, 주가수익률은 평균이 μ이고 표준편차가 σ인 정규분포를 따른다고 할 수 있다. 신기한 것은 이 주가수익률은 (주가 자체와는 달리) 절대로 마이너스 부호를 갖지 않게 된다는 사실이다. 양변에 지수함수를 취하면 $S_{t+1} = S_t e^{\mu + \varepsilon_{t+1}}$이 되는데, t기의 주가가 마이너스가 아니고 지수함수는 마이너스가 될 수 없으므로 $t+1$ 시점의 주가는 항상 양의 부호를 갖게 되기 때문이다. 즉 연속형 복리 수익률을 활용하면 주가가 음의 부호를 갖는 문제를 해결할 수 있게 된다. 수식 ①로 돌아가서 다시 표현해보면 수식 ②와 같다.

$$lnS_{t+1} = lnS_t + \mu + \varepsilon_{t+1} ------②$$

즉 주가에 로그를 취한 모형은 주가의 취보 가정을 만족하면서,

주가가 마이너스 부호를 갖는 문제를 없애준다. 이처럼 자연로그를 취해주면 정규분포가 되는 분포함수를 로그정규분포라고 한다. 주가 자체는 로그정규분포를 따르고, 주가수익률은 정규분포를 따르게 되는 것이다.

주가 등락폭에 주목하라

앞에서 다음 기의 주가를 예측하는 모델을 알아봤는데, 결국 주가 모형은 $\mu+\varepsilon_{t+1}$ 또는 ε_{t+1}(μ는 상수이므로 일단은 무시하자)이 어떤 형태를 띠고 있는가에 따라서 결정된다. 아주 짧은 구간에서는 기대수익률이 무의미하고, 오직 변동성(또는 표준편차)만으로 주가를 설명할 수 있게 된다. 즉 파생상품 가격은 주가의 등락폭을 얼마나 잘 정의해서 구하느냐가 관건이다. 그래서 금융공학에서는 에러항인 ε_t 분석이 아주 중요한데, 이 부분은 확률과정이라는 개념을 이용해서 풀 수 있다. 확률과정이란 시간이 개입된 확률을 의미하는데, 어떤 변수값이 시간에 따라 불확실하게 변할 때 그 변수가 확률과정을 따른다고 한다. 참고로 확률과의 차이점을 살펴보면, 확률은 정지된 어떤 시점에 발생 가능성을 구하는 것이고 확률과정은 여기에 시간이라는 변수가 포함된 것이다.

금융공학에서 다루는 확률과정의 기본인 위너 프로세스에 대해 알아보기 전에 우선 미국이 낳은 최고의 수학자 노버트 위너Norbert Wiener를 만나보자. 폴란드와 독일계 유태인 부모로부터 천재성을 물려받은 위너는 14세에 터프스 대학을 졸업하고, 18세에 하버드 대학에서 수학 박사 학위를 취득했다. 세인트루이스에서 70번 하이웨이를 타고 서쪽으로 1시간 30분 정도 이동하면 나오는 미주리 주 컬럼비아가 노버트 위너가 태어난 고향이다.

위너는 확률과정 이론 분야에서 탁월한 업적을 남겼을 뿐 아니라 2차 세계대전 중에는 움직이는 타깃을 정확하게 맞출 수 있는 수학적 모델을 고안해내고, 1948년에 생물학, 기계공학, 전기공학, 인공지능을 포괄하는 사이버네틱스 개념을 처음 소개한 만능 학자였다. 많은 천재들이 그렇듯이, 위너도 1912년 하버드 박사 학위를 받은 후 1932년 MIT 교수가 될 때까지 세상으로부터 크게 주목받지는 못했던 것 같다. 학문적 열망이 넘쳐나던 10대 후반에는 유럽으로 건너가서 영국 케임브리지 대학교의 버트란드 러셀, 독일 괴팅겐 대학교의 수학자 힐베르트와 교류하면서 그의 수학적 깊이를 더했지만, 미국 복귀 후에는 출판업계를 전전하며 백과사전을 편찬하기도 했다. 1964년 세상을 떠날 때까지 수학, 공학, 물리학 등 다방면에 영향을 끼쳤던 그를 기리기 위해 달의 여러 분화구 중에는 그의 이름을 따서 '위너'라고 명명한 분화구도 있다.

위너가 제안한 확률과정, 즉 위너 프로세스는 간단히 정리하면 다음과 같다. 만약 에러항 ε의 평균이 0이고 분산이 1인 정규분포를 따른다고 하면, 아주 짧은 구간 Δt에서 주가 변화량 Δz는 다음과 같은 성질을 가진다.

성질 1. $\Delta z = \mu \sqrt{\Delta t}$, 기간($\sqrt{\Delta t}$)이 짧으면 짧을수록 주가변화량 ($\Delta z$)은 제로(0)에 가깝고, 기간이 길면 길수록 그 비율은 시간의 제곱근에 비례해 커진다.

이것은 프랑스의 수학자 루이 바슐리에가 주장한 이론인데, 후에 천체물리학자 오스본이 통계학적으로 증명하는 데 성공했다. 오스본은 주가 변동이 무작위하게 움직이는 분자운동, 즉 브라운 운동과 같다는 사실을 증명하기도 했다.

성질 2. 서로 다른 두 구간의 Δz는 서로 독립적이다. 즉 특정 구간의 주가 변화량이 다른 구간에서의 주가 변화량에 영향을 미치지 않는다.

만약 어제의 주가 방향이 오늘 주가에 영향을 미친다고 한다면, 미래 주가는 어느 누구도 예측할 수 없다는 취보과정의 기본 가정에 위배된다. 사실 수학이나 통계학 모델에서 미래를 예측하는 모든 이론은 본질적으로 미래 상황은 과거 상황과 별개로 발생한다는 가정하에 출발한다. 이것을 통계학 용어로 메모리리스^{memoryless}라고 한다. 메모리리스는 과거에 어떤 일이 일어났는지 미래는 기억할 수 없다는 의미로, 과거와 미래가 별개의 사건이라는 뜻이다. 물론 2008년 글로벌 금융위기 이후 이러한 취보과정 가설에 대해 근본적인 의문을 제기하는 움직임이 있고, 과거 수천 년간 이어왔

던 학문의 기본 토대인 연역적 추론에 반기를 드는 사람들도 생겨
나고 있다. 이 내용은 이 책의 마지막 부분에서 다루기로 하자.

기대수익률과 변동성의 결합

분석기간이 짧을 때는 주가의 기대수익률이 의미가 없으므로 변
동성만으로 주가 패턴을 분석할 수 있지만, 분석기간이 길 때는 평
균 기대수익률이라는 항목을 포함시켜야 한다. 연간 기대수익률을
μ라 하고 연간 표준편차(또는 변동성)를 σ라 하면, 앞에서 배운 주
가의 기대수익률 모델과 변동성 모델을 결합해 다음과 같이 표현
할 수 있다.

$$\frac{dS}{S} = \mu dt + \sigma \varepsilon \sqrt{\Delta t}$$

우변은 평균이 μdt이고 표준편차가 $\sigma \varepsilon \sqrt{\Delta t}$인 정규분포를 따른다.
좌변은 미적분 개념으로부터 $dlnS \left(= \dfrac{dS}{S} \right)$와 같으므로, $\dfrac{dS}{S}$ 대신에
$dlnS$를 이용해서 앞 수식을 다시 표현하면 다음과 같다.

$$dlnS = lnS_t - lnS_0 = \mu dt + \sigma \varepsilon \sqrt{\Delta t}$$

$$lnS_t = lnS_0 + \mu dt + \sigma \varepsilon \sqrt{\Delta t}$$

주가에 자연로그를 취한 형태가 되는데, 자연로그를 없애기 위
해 양변에 지수함수를 취해주면 $S_t = S_0 e^{\mu dt + \sigma \varepsilon \sqrt{\Delta t}}$ 가 된다. 이 사실로
부터 주가는 로그정규분포(로그를 취하면 정규분포가 되는 분포함수)

를 따른다는 사실이 도출된다.

파생상품의 핵심, 변동성을 공략하자

옵션을 거래하는 기간 동안 주가 또는 기타 기초자산 가격의 등락 폭을 알 수 없기 때문에 과거의 변동성(표준편차)을 이용해 옵션가격을 계산하는 것이 일반적이다. 이렇게 계산된 변동성을 역사적 변동성이라고 한다. 여기서 결국 앞의 블랙숄즈 방정식의 비현실적 가정 중 하나로 거론된 '변하지 않는 표준편차'를 과거 어느 기간을 기준으로 계산할 것인가라는 현실적인 문제에 봉착하게 된다. 이런 문제를 풀기 위해 나온 방법 중 하나가 '주어진 옵션가격을 이용해서 그 속에 내포된 변동성을 역산하는 방법'인데, 이렇게 옵션에 내재된 변동성을 내재변동성implied volatility이라고 한다.

미소에 현혹되지 말자

변동성은 시간에 따라 끊임없이 변하고, 또한 기초자산의 가격 변화에 따라서도 달라지는 것으로 알려져 있다. 실제 거래되는 옵션의 변동성을 계산해보면 옵션 행사가격 주변에서는 항상 미소 짓는 형태를 띤다. 다음 그림은 블랙숄즈 방정식에서 가정하고 있는 변동성과 실제 변동성을 보여준다. 이렇게 미소 짓는 형태의 변동성을 '변동성 스마일'이라고 한다.

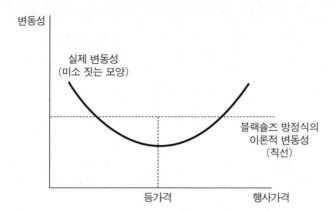

여기서 등가격^{at the money}이란 옵션의 행사가격이 기초자산의 가격과 같을 때 쓰는 용어다. 이와 유사하게, (콜옵션의 경우) 옵션의 행사가격이 기초자산 가격보다 낮으면 '본질가치'가 있는 것이므로 내가격^{in the money}이라 하고, 그 반대는 외가격^{out of the money}이라고 칭한다(풋옵션은 이와 반대).

위의 그림에서 알 수 있는 것처럼, 블랙숄즈 방정식을 이용해 옵션가격을 계산하면 등가격에서는 변동성이 높은 것으로 착각해 옵션가격이 과대평가되고(변동성이 크면 옵션가격이 높아짐), 외가격이나 내가격에서는 과소평가되는 오류가 발생한다.

변동성 스마일은 통화 옵션에서 가장 뚜렷하게 나타난다. 환율은 일반적으로 주가보다 등락폭이 더 큰 것으로 알려져 있다. 그렇기 때문에 분포함수의 꼬리 부분이 실제 로그정규분포보다 더 두껍게 형성된다. 반대로 중심부는 더 뾰족하게 된다.[2] 즉 양쪽으로

---

2 전체 분포함수의 확률은 1이 되어야 하기 때문에 꼬리 부분이 두껍다는 것은 중간 부분이 가늘다는 것과 같은 말이다.

움직일 가능성이 로그정규분포보다 크기 때문에, 그만큼 내가격이나 외가격에서 실제 시장에서의 옵션가격은 높게 형성된다.

한편 주식 옵션의 변동성은 통화 옵션의 변동성과 다소 다른 양상을 띤다. 주식시장은 아래와 같이 한쪽으로 치우친 미소 형태인 것으로 알려져 있다. 이것을 변동성 스큐Volatility Skew라고 한다.

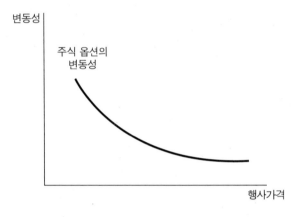

왜 이런 현상이 발생할까? 비록 많은 학자들이 효율적 시장가설을 전제로 이론을 만들어내고 어떠한 무위험 차익거래도 궁극적으로 불가능하다고 주장하지만, 실제 금융시장에는 심리적 요인이 상당히 많이 작용하기 때문이다. 주식시장의 경우, 대부분의 투자자들은 주식을 사서 돈을 벌려고 하지 주식을 팔아서 돈을 벌려고 하지 않는다. 이 단순한 현실이 변동성을 미소 짓거나 한쪽으로 웃게 만드는 원인이다.

주식을 매수한 투자자의 심리를 들여다보자. 이 투자자는 주가가 올라서 돈을 벌 수 있는 가능성과 함께 주가가 내려서 손해를 볼 가능성을 염두에 두고 행동한다. 우선 돈을 잃을 가능성을 최소화하기 위한 조치를 취할 것이다. 가장 간단한 방법은 일정 가격 이하로 주가가 내려갔을 때 보호할 수 있는 풋옵션을 사두는 것이다. 앞서 주식시장에서는 대부분의 투자자들이 주식을 매수해 이익을 창출하려고 한다고 했는데, 이 많은 투자자들이 풋옵션을 매수하고자 한다면 어떻게 되겠는가? 당연히 풋옵션가격은 이론가격보다 높게 형성될 것이다. 옵션가격이 비싸다는 얘기는 다른 말로 변동성이 커졌다는 의미다.

두 번째 조치는 많은 투자자들이 대박보다는 일정 수준의 안정적인 수익을 원하는 심리에 기인한다. 일정 가격 이상으로 주가가 오를 때는 이익을 포기할 줄 아는 것이다. 즉 일정 가격 이상에서 행사할 수 있는 콜옵션을 팔아서 이익도 챙기고 그 돈으로 혹시 주가가 어느 정도 내리더라도 손실을 만회할 재원으로 활용하기를 원한다. 앞서 언급했듯이, 이렇게 주식을 사고 콜옵션을 매도하는 커버드 콜 전략은 전 세계 옵션거래의 절반을 차지할 정도로 보편화되어 있다. 콜옵션을 매도함으로써 옵션가격은 이론가격보다 낮아지게 되며, 다른 말로 실제 변동성이 이론적 변동성보다 작아지게 된다. 투자자의 이런 두 가지 심리가 주식 옵션의 변동성 스큐를 만들어내는 것이다.

마지막으로 변동성은 옵션 만기에 따라 달라지기도 한다. 옵션 만기가 길수록 사소한 변동성이 서로 상쇄되어 사라지기 때문에, 변동성 스마일 현상이 덜 나타나고, 옵션 만기가 가까울수록 사소한 변동성들도 옵션가격에 영향을 많이 미치기 때문에 변동성 스마일 현상이 크게 나타난다.

변동성에 확률과정을 입히다

이제 더 이상 금융 자산의 변동성이 상수가 아니라는 사실을 알게 되었다. 결국 상수 변동성을 가정하고 가격을 산출하는 블랙숄즈 방정식이 실제 상황에서 한계가 있다는 사실에 도달한 것이다.

변동성이 일정하지 않고 시간에 따라 변한다는 사실을 이용한 변동성 분석 방법은 다양하게 연구되고 있는데, 여기서는 헐^{Hull}과 화이트^{White}가 제시한 확률변동성 모델을 만나보자. 헐과 화이트는 기초자산과 변동성이 모두 위너 프로세스를 따르기는 하지만, 서로 간에는 독립적임을 가정하고 다음과 같은 모형을 제시했다.

변동성 모델: $dV = a(\bar{V} - V)dt + \delta V^{a} dz_{v}$

a : 평균으로 회귀하는 속도를 나타내는 계수

$\bar{V}$: 장기 평균 변동성

V : 현재의 변동성

주가 모델은 앞서 배운 모델과 동일하다. 변동성 모델은 장기 평균 변동성이라는 것이 존재해 현재의 변동성이 크거나 작을 경우 장기 평균 변동성으로 회귀하려는 속성을 가지며, a만큼의 속도로 장기 평균 변동성에 수렴한다는 모델이다. 헐과 화이트는 이 모델을 이용해 블랙숄즈 방정식이 등가격에서는 옵션가격이 과대 계산되고, 외가격과 내가격에서는 과소 계산된다는 사실을 밝혀냄으로써 변동성 스마일 성질을 이론적으로 증명했다.

실제로 이러한 변동성의 불일치를 이용해 수익을 추구하는 투자자들이 상당히 많다. 이것이 유명한 'Buy Low Sell High' 법칙인데, 내재변동성이 낮은 옵션을 매수하고 내재변동성이 높은 옵션을 매도함으로써 수익을 추구하는 전략이다. 이러한 투자 전략은 상황에 따라 차이가 있겠지만, 미국 증권시장에서 대체로 월 5%에서 15% 수준의 높은 수익률을 기록하는 것으로 알려져 있다. 이것은 다른 관점에서 본다면, 많은 투자가들이 블랙숄즈 방정식을 이용해 옵션가치를 평가하고 있으며 블랙숄즈 방정식의 한계를 이용해 수익을 창출하려는 세력이 시장에 공존하고 있다는 것이다. 따라서 시장은 효율적이지 않음을 증명하는 것이라고도 할 수 있다. 즉 실제 시장에는 철저히 분석하고 정확한 모델을 이용한다면 수익을 창출할 가능성이 아주 높은, 정보의 비대칭성이 존재하고 있는 것이다.

12장

금융공학의 마지막 관문
이자율 파생상품

이제 금융공학의 마지막 관문인 이자율 파생상품에 대해 알아보자. 이자율 파생상품이란 파생상품의 가치가 이자율 변동에 근거하는 상품을 말한다. 이자율 파생상품은 1980년대 이후 급격히 성장해서 현재는 파생상품 시장에서 가장 큰 비중을 차지하게 되었다. 그러나 이자율 파생상품의 가격을 산출하는 방식은 시장의 성장 속도를 아직도 따라가지 못하고 있는 것 같다. 이자율 자체에 대한 분석이 주식이나 환율 분석보다 훨씬 어렵고 복잡하기 때문이다. 다음은 이자율 파생상품이 일반 주식 옵션보다 어려운 이유들이다.

1) 이자율은 채권 만기까지 독특한 이자율 기간구조를 갖는다. 7장에서 살펴봤듯이, 어떤 형태를 띨지에 대해 의견이 분분하다.

2) 확률적으로 변하는 이자율 패턴은 다른 변수들(주식이나 환율 등)보다 훨씬 더 복잡하다.

3) 같은 이자율일지라도 만기에 따라서 변동성이 서로 다르다. 예를 들어, 30년 만기 채권의 이자율과 3년 만기 채권의 이자율 변동성은 서로 다르다.

4) 이자율은 옵션의 이익 패턴을 계산하기 위한 수단으로써뿐만 아니라, 채권의 현재가치를 계산하는 데도 동시에 쓰여야 한다.

하지만 이자율 파생상품은 시장이 복잡한 만큼 효율성이 떨어지기 때문에 그만큼 수익 창출의 기회는 커진다.

블랙숄즈 방정식을 이용한 채권옵션가격 계산

가장 쉽고 널리 쓰이는 채권옵션가격 계산 방법은 블랙숄즈 방정식을 변형한 '블랙의 공식'인데, 개념적으로는 블랙숄즈 방정식과 같다. 예를 들어, 이자율 콜옵션의 경우 만기에 채권가격이 행사가격보다 높으면 권리를 행사할 수 있도록 가격이 정해지는 식이다.

블랙숄즈 방정식이 주식시장을 설명하는 데 여러 제약이 있는 것처럼, 블랙의 공식도 시장에서 활발히 이용되고 있다고는 하나 다음과 같은 명백한 한계를 지니고 있다.

1) 채권가격의 변동성이 상수라고 가정한다.

실제로 채권가격의 변동성은 만기에 따라 달라진다. 만기까지 남은 기간이 길수록 변동성은 커지고, 만기에 가까워지면 액면가에 접근하려는 속성 때문에 변동성이 점점 작아지며, 만기에는 변동성이 제로가 된다. 따라서 장기채권옵션에 상수 변동성을 가정하는 것은 무위험 차익거래 기회를 초래할 수 있다.

2) 채권가격이 로그정규분포를 따른다고 가정한다.

로그정규분포의 상한은 정규분포와 마찬가지로 무한대(∞)이기 때문에, 이 가정에 의하면 채권의 가격은 이론적 최대가치인 액면가와 이자를 모두 합한 금액보다 더 커질 수 있다는 문제점이 있다.

3) 이자율이 만기까지 일정하다.

실제로 이자율은 확률과정Stochastic Process을 따르기 때문에, 이 가정도 블랙의 공식이 가진 한계를 보여준다고 할 수 있다.

알고 보면 재미있는 이자율 모형

블랙의 공식이 갖는 문제점을 해결하기 위해 다양한 이자율 모형Interest Rate Model이 제안됐는데, 렌들만Richard Rendleman Jr.과 바터Brit Bartter는 이자율이 확률과정을 따른다는 사실을 감안한 모델을 제시했다. 렌들만-바터 모델$^{Rendleman-Bartter\ Model}$은 이자율이 브라운 운동을 따른다는 가정하에 다음과 같이 표현된다.

이자율 변동   브라운 운동을 따르는 변동성

$$dr = \mu r dt + \sigma r dz$$

시간 변화에 따른 평균 이자율

그러나 렌들만과 바터는 이자율이 갖고 있는 중요한 속성, 이자율이 장기평균이자율로 수렴한다는 속성을 간과했는데, 이것을 수정한 모델이 베시첵^{Vasicek} 모델이다. 이자율은 시장의 수요공급 원칙에 철저히 의존하는 형태를 보여준다. 이자율이 올라가면 기업이 대출받는 데 부담을 느끼기 때문에 은행으로부터 차입을 자제할 것이다. 이것은 시장에 초과공급을 야기하고, 돈을 대출해줘야 먹고사는 은행들은 이자율을 내려 기업대출을 촉진시키게 된다. 마찬가지로 이자율이 내려가면 기업 입장에서 대출이자 부담이 적어져 가능한 한 많은 돈을 대출받고자 할 것이다. 이것은 시장에 초과수요를 야기하고 이자율이 높아도 수요자가 있으니 은행들은 이자율을 높일 것이다. 이러한 현상으로 인해, 장기적으로 봤을 때 이자율은 장기평균이자율로 수렴하려는 속성을 지니게 된다. 이러한 현상을 고려한 이자율 모형이 베시첵 모델이다. 다음의 공식에서 a 는 장기평균이자율($\bar{r}$)로 수렴하는 속도다.

$$dr = a(\bar{r} - r)dt + \sigma dz$$

위 수식을 보면, 현재의 이자율(r)이 장기평균이자율($\bar{r}$)보다 크면 $\bar{r}-r$은 음수(-)가 되어 이자율이 a만큼의 속도로 감소해 장기평균이자율로 수렴하려는 경향을 띠게 된다. 반대로 현재의 이자율(r)이 장기평균이자율($\bar{r}$)보다 작으면 $\bar{r}-r$은 양수(+)가 되어 이자율이 a만큼의 속도로 증가해 장기평균이자율로 수렴하려는 경향을 띠게 된다.

베시첵 모델은 렌들만-바터 모형보다 더 현실적이라 할 수 있지만, 이자율이 극단적인 경우에 제로 이하로 내려갈 수 있다는 단점이 여전히 남는다. 이러한 베시첵 모델의 단점을 극복한 모델이 콕스-잉거솔-로스[CIR] 모형이다.

$$dr = a(b-r)dt + \sigma \sqrt{r} dz$$

CIR 모델은 베시첵 모델에서 변동성 부분만 바꾼 것에 불과하다. 즉 변동성이 이자율의 제곱근($\sqrt{r}$)에 비례한다고 가정함으로써 이자율이 제로 이하로 떨어지는 현상을 방지해준다. 가령 이자율이 아주 낮은 상태에서 이자율의 제곱근은 상대적으로 큰 값을 띠게 되므로, 변동성 항목의 플러스(+) 비중이 $a(b-r)dt$의 마이너스(-) 가능성을 상쇄하게 된다.

그런데 위에 설명한 모델들은 모두 시시각각 변하는 현재의 이자율을 지속적으로 반영하지 못하는 단점이 있다. 이는 결국 이론 가격과 시장에서 발생하는 실제 이자율 사이의 괴리를 발생시켜 무위험 차익거래를 가능하게 한다. 이런 무위험 차익거래 가능성을 차단시킨 모델로서 호 앤 리 모델[Ho and Lee Model]과 헐 앤 화이트 모델[Hull and White Model]이 있다.

호 앤 리 모델은 베시첵이나 CIR 같은 모델이 자동적으로 현재의 이자율을 모형에 적용하지 못하는 단점을 시간함수를 도입해 해결했다.

$$dr = \theta(t)dt + \sigma dz$$

호 앤 리 모델의 단점은 이자율의 평균회귀 요인을 고려하지 않았다는 것인데, 이 부분을 해결한 모델이 헐 앤 화이트 모델이다.

$$dr = \left(\theta(t) - ar\right)dt + \sigma dz$$

이자율 모형은 이외에도 수없이 존재하며 지금도 만들어지고 있다. 변동성 부분에도 시간을 감안한 확률과정 모형을 적용한 블랙-더만-토이[BDT, Black-Derman-Toy] 모델과 블랙-카라신스키[Black-Karasinski] 모델 등이 있고, 앞으로도 합리적인 모델들이 수없이 나타날 것이라 기대된다.

이자율 캡, 플루어, 칼라

장외시장에서 가장 인기 있는 이자율 파생상품은 이자율의 변화에 따라 이익이 달라지는 캡[Cap], 플루어[Floor], 칼라[Collar]다. 캡은 이자율이 일정 값을 넘어서면 그 차액을 돌려받는 옵션이다. 반면 플루어는 이자율이 일정 값 이하로 내려가면 그 차액을 돌려받는 옵션이다. 한편 칼라는 이자율이 일정 구간 안에 있는 것을 보장받을 수 있도록 만들어진 상품이다.

이자율 캡과 플루어

분기별로 연 6%의 이자를 받는 채권에 투자한 사람이 있다고 가정하자. 항상 6%의 이자를 받는 그는 이자율이 내려갈 경우 시장 이자율보다 더 높은 이자를 받도록 되어 있기 때문에 이익을 보게 된다. 하지만 이자율이 6%를 넘으면, 시장 이자율보다 낮은 이자를 받는 셈이기 때문에 손실에 노출될 것이다. 이때 투자자가 이자율 상승에 대해 자신의 수익률을 보호하고 싶다면 이자율 캡 거래를 하면 된다. 캡 이율이 6%인 이자율 캡을 매수함으로써, 이자율 상승에 따른 손실로부터 보호받게 되는 것이다. 즉 이 투자자는 이자율에 대해 콜옵션을 매수한 것과 같은 셈이 된다.

예를 들어, 3개월마다 연 6%의 이자를 주는 액면가 100만 달러인 채권에 투자한 사람이 캡 이율이 6%인 이자율 캡을 보유하고 있다고 하자. 리셋 날짜reset date에 시장 이자율이 연 8%가 된다면 이 투자자는 연 6%를 넘는 이자율에 대한 부분, 즉 연 2%만큼의 금액을 이자율 캡을 매도한 측으로부터 수령하게 된다. 액면가가 100만 달러이고 기간이 3개월이므로 이 투자자가 받게 되는 금액은 다음과 같다.

$$2\% \times \frac{3}{12} \times 1,000,000 = \$5,000$$

이자율 플루어는 이자율 캡과 반대로 금리가 내려갈 경우의 손실을 방지하기 위한 이자율 파생상품인 점만 다를 뿐, 개념은 캡과 같다.

이자율 칼라

칼라Collar는 이자율이 일정 구간 안에 있는 것을 보장받을 수 있도록 만들어진 상품이다. 칼라는 이자율 캡을 매수하고 플루어를 매도함으로써 만들어진다.

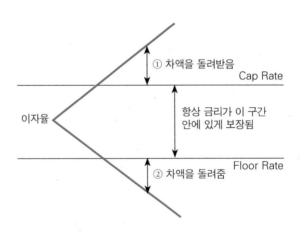

즉, 이자율이 캡 이자율보다 높으면 그 차액을 돌려받을 수 있고 (①), 이자율이 플루어 이자율보다 낮으면 그 차액을 돌려줌으로써

(②) 이자율 상승에 따른 손실을 보호받고 이자율 하락에 따른 이득을 포기하는 셈이다.

따라서 칼라는 이자율 캡을 매수하고 이자율 플루어를 매도하는 것과 동일하다.

$$\text{칼라 가격}^{\text{Collar Price}} = \text{캡 가격}^{\text{Cap Price}} - \text{플루어 가격}^{\text{Floor Price}}$$

이것을 이자율 풋-콜 패리티$^{\text{Interest rate Put-Call Parity}}$라고 한다.

칼라는 이자율 캡과 플루어를 합성한 옵션 상품이라는 점에서 상당히 널리 사용되고 있는데, 여기서는 칼라를 이용한 전략 한 가지를 알아보기로 하자.

만일 A라는 회사가 이자율 상승으로부터 자산을 보호하기 원하는데, 시장의 이자율 캡 가격이 생각보다 비싸고 그 가격을 확신할 수 없다고 하자. 이때 이자율 캡을 매수하는 비용을 최소화하길 원한다면, 이 회사는 칼라 거래를 생각해볼 수 있다. 즉 캡을 매수하고 플루어를 매도하는 전략을 구사함으로써, 아주 저렴한 비용으로 이자율 상승에 따른 손실을 보호할 수 있게 된다. 물론 플루어를 매도했기 때문에 이자율의 급락에 따른 손실은 어느 정도 감안해야 한다.

더 나아가 이 회사는 칼라를 이용하면 비용을 전혀 쓰지 않고도 이자율 상승에 따른 위험으로부터 보호받을 수 있다. 즉 보호받고자 하는 캡 이자율을 가진 캡을 매수하고 그 캡 가격에 상응하는 플루어를 매도하면, 그 회사의 옵션비용은 제로^{zero}가 되면서 이자율 상승에 따른 손실을 보전할 수 있게 된다. 이것을 제로 코스트 칼라^{zero cost collar}라고 하며, 시장에서 활발히 활용되고 있는 이자율 파생상품 전략 중 하나다.

찾아보기

처음 만나는 **금융공학** 개정판
금융으로 세상을 읽는 통찰력 키우기

초판 인쇄 | 2018년 6월 29일
2.5쇄 발행 | 2023년 11월 7일

지은이 | 고 석 빈 · 신 임 철

펴낸이 | 권 성 준
편집장 | 황 영 주
편   집 | 임 지 원
           김 은 비
디자인 | 윤 서 빈

에이콘출판주식회사
서울특별시 양천구 국회대로 287 (목동)
전화 02-2653-7600, 팩스 02-2653-0433
www.acornpub.co.kr / editor@acornpub.co.kr

이 도서의 국립중앙도서관 출판시도서목록(CIP)은 서지정보유통지원시스템 홈페이지(http://seoji.nl.go.kr)와
국가자료공동목록시스템(http://www.nl.go.kr/kolisnet)에서 이용하실 수 있습니다.(CIP제어번호: CIP2018019283)

책값은 뒤표지에 있습니다.